杰夫·贝佐斯

颠覆创新，极致践行

（Chris McNab）
[英] 克里斯·麦克纳布　著
李蕾　译

Jeff
Bezos
The world-changing Entrepreneur

中国科学技术出版社

·北　京·

北京市版权局著作权合同登记　图字：01-2023-3217。

图书在版编目（CIP）数据

杰夫·贝佐斯：颠覆创新，极致践行 /（英）克里斯·麦克纳布（Chris McNab）著；李蕾译 . — 北京：中国科学技术出版社，2024.4

书名原文：Jeff Bezos:The world-changing Entrepreneur

ISBN 978-7-5236-0533-2

Ⅰ . ①杰… Ⅱ . ①克… ②李… Ⅲ . ①杰夫·贝佐斯—传记 Ⅳ . ① K837.125.38

中国国家版本馆 CIP 数据核字（2024）第 041808 号

策划编辑	何英娇	责任编辑	何英娇
封面设计	潜龙大有	版式设计	蚂蚁设计
责任校对	焦　宁	责任印制	李晓霖

出　　版	中国科学技术出版社
发　　行	中国科学技术出版社有限公司发行部
地　　址	北京市海淀区中关村南大街 16 号
邮　　编	100081
发行电话	010-62173865
传　　真	010-62173081
网　　址	http://www.cspbooks.com.cn

开　　本	880mm×1230mm　1/32
字　　数	133 千字
印　　张	7.25
版　　次	2024 年 4 月第 1 版
印　　次	2024 年 4 月第 1 次印刷
印　　刷	大厂回族自治县彩虹印刷有限公司
书　　号	ISBN 978-7-5236-0533-2/K·385
定　　价	59.00 元

（凡购买本社图书，如有缺页、倒页、脱页者，本社发行部负责调换）

　　杰夫·贝佐斯（Jeff Bezos）是当代顶尖的成功人士之一。这个说法似乎永远都是妥帖恰当的，不会引起争议。即便如此，这么说还是要谨慎，因为传记作者很容易受到伟大公众人物跌宕起伏的故事影响，从而被带偏了方向，过分夸大一些事实。毕竟许多人的人生就像弹球游戏一样，在大量的随机事件与不同决定中不停地转变方向，只有通过回忆与复述，这些事件的碎片才能拼凑成结构清晰、意义明确的完整故事。此外，在近乎永无止境的人类游戏世界里，人们总是容易低估获得成功的统计概率。毕竟人们总觉得，某人会成功是因为他比较幸运而已。在逻辑建模中，这种认知偏差通常被称作"幸存者偏差"，比如旁观者会自然而然地关注优秀的成功人士，并将因果关系与他们的一举一动联系起来，将他们的一些行动视作成功的秘诀。但问题在于，人们看不到绝大多数没有成就伟大事业的人。有些人与成功人士采取了同样的行动，但并未取得同样的成功，这些人同样不会进入大众的视野。有些影响因素会在很大程度上脱离创业者的控制范围，比如父母病倒几个月、某次失败的收购、突如其来的法律危机，还有仓库失火，最终都会成为企业破产倒闭封窗的导火索。我们旁观者总是更愿意关注那些飞黄腾达之人的高光时刻，却选择对芸芸众生的悲苦经历视而不见。

因此，杰夫·贝佐斯的传记会尽量避免受到幸存者偏差的影响。贝佐斯的创业史是在世界历史中独具特色的一段时期中开始的。在 20 世纪 80 年代和 90 年代，技术革命飞速发展，个人电脑与互联网的发展一同重塑了现代社会的结构，就连人们的社会性行为与作为独立个体的思维方式也一同改变了。贝佐斯出生的时候正好赶上了这一时期——当命运的飞机正在跑道上滑行准备起飞时，他刚好赶上了飞机。此外，他拥有充满爱和学术氛围的家庭环境，这使他从小接触各种富有启发性的灵感与科技，他还拥有在普林斯顿大学和商界建立的关系网，这些因素也成了他独特的优势。从各种角度来说，贝佐斯的前 20 年人生确保了他所生活的位置是地球上的"黄金地带"，也就是未来发展最繁荣的绝佳位置。

但是，我们探究贝佐斯所取得的巨大成就时发现传统的成功法则并不奏效。2021 年 7 月 5 日，杰夫·贝佐斯辞去了他创建的亚马逊的首席执行官一职。此时，如果贝佐斯回过头来观望他所创造的一切，他会看到什么呢？ 在全球约有2400 万家电子商务公司的情况下，亚马逊依然能以近 4700 亿美元的年收入（这是 2021 年全年的准确数字）无可匹敌地占据了顶峰。实际上，亚马逊作为世界上最大的 5 家公司之一，与苹果、微软、字母表和沙特阿拉伯石油等公司不相上下。亚马逊的确成了贝佐斯想要成为的"万能商店"——截止到本书完成的时间，据估计亚马逊已向公众提供了约 1200 万件自己的库存商品；如果把市场卖家的贡献也包括在内，则增加到 3.5 亿种商品。2021 年，亚马逊付费黄金会员（Prime）人数在全球已达到 2 亿。2019 年是亚马逊访问量最多的一年，达到了 27.9 亿人次。公众可以通过亚马逊购买许多产品，不论是烤豆子、医疗用品、电锯、露营帐篷、婴儿玩具，还是时尚手包，都不成问题。对于世界上很大一部分人来说，包括笔者在内，亚马逊几乎是购物的第一选择。全球有 200 多万选择在亚马逊商店销售产品的第三方卖家，其中许多是中小型企业。亚马逊零售业务的成功，也促使他们的销量增长。这些业务约占亚马逊商店销售额的 60%。

但在贝佐斯的领导下，亚马逊已经不仅是一家规模庞大的网上商店了。现在，亚马逊现身于实体店中，其中包括极具突破性的"拿了就走"（Just Walk Out）亚马逊无人商店，顾客甚至不需要去收银台结账。亚马逊出版公司现在出版自己的图书，亚马逊还提供 Kindle 直接发布（Kindle Direct Publishing，KDP）自助出版服务；亚马逊官方没有提供 KDP

自助出版作品的数据，但据说到 2016 年，这个数据超过了
100 万。亚马逊云科技（AWS）是世界上最大的云计算服务
提供商（根据数据统计机构 Statista 2021 年的数据，它占有
33% 的云计算市场），也是为成千上万的公司和政府机构以及
数十亿的交易提供数字化基础设施的商业实体，同时还提供
直播解决方案。它正以超出想象的方式影响着人们的日常生
活。亚马逊已成为电影与电视节目的巨头，在国际上备享盛
名。它通过亚马逊工作室制作原创节目（2021 年 3 月，亚马
逊工作室发布的电影获得了 12 项奥斯卡提名），2021 年，在
线观看其电视节目的黄金会员超过 2 亿人。数以百万计的亚
马逊生产的电子设备：如 Kindle 电子阅读器、Fire Stick 电视
棒以及 Echo 智能音箱，纷纷进入家庭，融入人们的生活。亚
马逊拥有庞大的子公司和投资项目，涉及卫星、自动驾驶汽
车和计算机硬件等行业或市场。

如果我们想要了解亚马逊爆炸式扩张的标志性事件，那
么这件事就不得不提：1994 年亚马逊刚刚创立时，它用美国
的一个车库作为仓库；而今天，它在世界各地拥有数百个大
型物流设施和 130 万名员工。亚马逊在 22 个国家有自己的专
门平台（截至撰写本文时的 2022 年有：美国、英国、澳大利
亚、加拿大、中国、法国、德国、印度、爱尔兰、意大利、
日本、墨西哥、西班牙、巴西、荷兰、埃及、土耳其、新加

坡、阿联酋、沙特阿拉伯、瑞典和波兰），此外，亚马逊可以通过国际直接航运服务满足其他 100 多个国家的客户的需求。亚马逊无处不在，它出现在我们的房间里、口袋里、桌面上，通过我们的信箱，推动贸易往来。

对亚马逊的规模和成就进行总结总是会让人心潮澎湃、激动不已，毕竟它是历史上（而不仅是现代时期）最为成功的商业故事之一，人们永远无法完全描述出它的规模有多大。不过，真正了不起之处在于创立亚马逊不再是佐证贝佐斯非凡成就的唯一证明。除亚马逊以外，贝佐斯还建立了世界领先的太空探索公司"蓝色起源"（Blue Origin），并亲自乘坐自己的宇宙飞船进入了太空。他还创建了数十亿美元的慈善基金会，建立了大批的新学校，拥有《华盛顿邮报》（The Washington Post），投资了数百家不同的公司，在技术研发上投入了数十亿美元。此外，他正在建造一个万年钟。

所有这些成就为贝佐斯带来了数不清的财富。2018 年 7 月，贝佐斯被评为"现代历史上最富有的人"，他的净资产达到 1500 亿美元，到了 2020 年增至 2000 亿美元。财富已经成为公众评价贝佐斯时的一个标准。（顺便一提，贝佐斯自亚马逊成立以来就没有增持过该公司的股票，他财富的增长很大程度上来源于这些股票价值的增长。）但我希望通过写这本传记来证明，贝佐斯的个人财富在很多方面都不能作为衡量他成功的标准。我们最好还是多关注他给这个世界带来的影响。他是如何进行思考，如何进行创新，又是如何管理团队、时间、金钱和风险的？通过探索这些问题，我们将贝佐斯的财富视为其个人努力的最终结果，而不是一个目标；在很大程度上，这也是贝佐斯本人对财富的态度。当我们不再拘泥于他的巨额财富时，我们就能以更开阔的视角看待他的非凡人生带给我们的启发。

JEFF BEZOS

第一章
开 端

古希腊哲学家亚里士多德有句名言:"当我看到一个 7 岁的孩子,我就能看到他长大成人后的样子。"在随后几个世纪,科学和心理学的发展越发证实了这一观点:如果孩童早年的成长环境较好,就能为他们未来的智力与情感发育奠定坚实基础。不过,即便是在孩童的幼年时期,他们也会碰上人生中的决定性因素与分岔路口。可以看到,对于注定会成为伟人的年轻人来说,4 岁是人生中的一条分水岭。

起点

杰夫·贝佐斯于 1964 年 1 月 12 日在新墨西哥州阿尔伯克基(Albuquerque)出生。贝佐斯的母亲杰奎琳·吉斯(Jacklyn Gise)怀孕时才 16 岁,那时她还在读高二。从她稚嫩的年纪就能看出来,怀孕只是青春期恋情带来的意外结果。杰姬(人们都这么叫她)深深爱上了魅力非凡的 18 岁学长泰德·乔根森(Ted Jorgensen)。泰德的祖父母是丹麦移民,他们一家人原先住在芝加哥。在泰德还只有几岁大时，乔根森一家就搬来了阿尔伯克基。在这里，杰姬遇见了泰德，那时他刚成年不久，正在学着适应新环境和新生活。或许是泰德骑行独轮车的独特技能迷住了杰姬。对泰德来说，骑独轮车不仅是一种消遣，而且是他的职业追求。泰德所在的独轮车车夫剧团（Unicycle Wranglers）会在演出场地、庆典、马戏团[包括大牌马戏团，如林林兄弟马戏团（Ringling Brothers）和巴纳姆与贝利马戏团（Barnum & Bailey）]，以及美国各地的其他活动中巡回演出。他在骑独轮车方面展现出了过人的天赋，不论是倒着骑车，在高空钢丝上骑车，还是与剧团的其他成员组队演出都没问题。

但这次意外怀孕给了杰姬与泰德的浪漫爱情一记现实的重击。不过，至少杰姬稳定的家庭为她提供了保障，同时也为她儿子提供了智力与情感支撑。杰姬的父亲名为劳伦斯·普雷斯顿·吉斯（Lawrence Preston Gise），亲友们亲切地称他为"老爹"；杰姬的母亲玛蒂（Mattie）则是杰姬的情感后盾。劳伦斯是位专业人士。美国原子能委员会（AEC）成立于1946年，它是一个旨在掌控美国的原子科学研究和设施管理的组织，劳伦斯就是该组织当地的负责人。玛蒂娘家则在得克萨斯州科图拉附近拥有一个面积为2.5万英亩（约101.2平方千米）的牧场。外公外婆赋予了贝佐斯3样受益终身的礼物：对自然的热爱、对科学的兴趣与可供探索的场地，对他未来的成长产生了巨大的影响。

对十几岁的杰姬和泰德来说，生活的麻烦层出不穷。不过杰姬想出了解决方法，不算完善但很实用。他们在孩子出生之前结婚了。考虑到法律对结婚年龄的限制，他们只能在墨西哥华雷斯举行仪式，杰姬的家人为这趟旅程提供了经济支持。这对新婚夫妻在阿尔伯克基租了一套小公寓，这也是不久后出生的杰弗里·普雷斯顿·乔根森（Jeffrey Preston Jorgensen，杰夫·贝佐斯的原名）的第一个家。那个时代的青少年生活压力巨大，他们在成年前就要承受成年后的重担，小贝佐斯就是在这样的环境下长大的。即便杰姬的家人提供了一些经济援助，但钱总是不够用。事实证明，泰德无法兼顾独轮车表演工作与作为父亲的职责。最终他开始做一些低薪工作，此外还尝试提高自己的学历，不过最后都以失败告终。最终的悲剧已成定局：杰姬最后搬回了父母家，在贝佐斯17个月大的时候，她就提出了离婚。二人从此分道扬镳，泰德也永远退出了贝佐斯的生活。

泰德·乔根森于2015年去世，享年70岁。纵观他的一生，他与贝佐斯之间不论是空间距离还是精神距离都是巨大的。2012年，记者布拉德·斯通（Brad Stone）找到了泰德，那时他在亚利桑那州经营一家自行车修理店。令人难以置信

的是，他竟对自己亲生儿子的人生轨迹一无所知。在知晓真
相后，他承认了自己年轻时的失败，并表露出遗憾之情。同
时他也表示，不愿再插手现在已长大成人的儿子的生活。

杰姬将精力重新放在照顾家庭上，努力抚养年幼的儿子。
虽然杰姬的生活举步维艰，但她仍从一开始就证明了自己作
为母亲的能力，她能够保护好儿子又不溺爱，为儿子的幸福
和进步付出很多。在贝佐斯的成长过程中，她引导儿子发展
兴趣特长，为他争取利益，并相信他自身的能力。虽然我们
应该尽量避免关于"命定"的说法，但从很多方面来看，如
果贝佐斯没有这样一位令人敬畏而慈爱的母亲，他的一生恐
怕就不会取得如此惊人的成就。

不过，她不想选择独身一人抚养贝佐斯长大。当杰姬
再次坠入爱河后，她的财富也悄然增长。这次她遇见了米格
尔·贝佐斯（Miguel·Bezos）。米格尔是一名古巴移民，他是
1.4 万名 6 岁至 18 岁独自来到美国的古巴儿童中的一员。米
格尔和其他孩子一样，都与父母分离了。后来他遇到同样是
移民的表兄，他与家人的联系才重新得以延续，两人自此变
得形影不离。米格尔和他的表兄很幸运，他们受到了开明的
詹姆斯·伯恩斯（James Byrnes）神父的照顾。詹姆斯·伯恩
斯神父在特拉华州威尔明顿市（Wilmington, Delaware）布鲁姆
街（Broom Street）1300 号管理有着 21 个男孩的凯斯·德·赛

尔斯（Case de Sales）之家。伯恩斯确保他照顾的所有孩子都在当地的赛西纳姆（Salesianum）高中学校接受教育，有条不紊地生活，希望他们在这里获得归属感和价值感。老话说得好："善有善报。"2021 年 6 月，位于威尔明顿的赛西纳姆学校（原校的新址）收到了米格尔和杰姬（亚马逊股东）的1200 万美元捐赠，其中 1000 万美元将用于资助总共 24 个全额奖学金，并将其命名为"詹姆斯·伯恩斯牧师奖学金"。遗憾的是，詹姆斯·伯恩斯本人已于 2020 年去世。

年轻帅气的杰夫·贝佐斯与母亲杰奎琳·贝佐斯合影。杰奎琳怀孕时只有 16 岁，她是贝佐斯童年时期坚强可靠的后盾

米格尔与杰姬相识于 20 世纪 60 年代中期，当时米格尔在新墨西哥银行做兼职文员，并在阿尔伯克基大学读第一年

的课程；杰姬在那里做簿记员。他们在工作轮班的间隙与磕磕绊绊的日常交流中产生了炽热的爱情（当时米格尔还在学英语），并于 1968 年 4 月结婚。

　　米格尔，也就是人们所熟知的"迈克"，是杰姬和她儿子生命中的贵人。他是一个工作努力、认真负责的丈夫和父亲，有着坚定的职业道德信念和工程天赋，这使他在埃克森美孚石油公司（ExxonMobil）找到了一份好工作。有了这份工作后，他们全家搬到了得克萨斯州的休斯敦。迈克有着科学思维与质疑精神，他看待事物时，敢于辩论、分析深刻、观察透彻且逻辑严密。他在古巴过去的那段经历，使他非常支持美国的公民自由和言论自由。他厌恶政府过度干预的行为，这点也影响到了贝佐斯。这也能解释他与政府当局与代表人物之间的复杂关系。为了让新家庭更加稳定，迈克收养了他，将他的姓从乔根森改为了贝佐斯。婚后不久，杰姬和迈克又生了两个孩子，取名克里斯蒂娜（Christina）和马克（Mark）。对杰姬来说，从今往后，不安定的日子已成为过去，贝佐斯也拥有了一个充满爱和安全感的完整家庭。

人生榜样

　　某些企业家在童年期间表现平平，他们的才能与天赋往往在后期才缓慢展现出来。杰夫·贝佐斯显然不是他们中的一员。他似乎从一开始就打算开辟一条与众不同、充满活力的道路，这一点他母亲也很早就注意到了。杰姬后来在采访中提到，在贝佐斯两岁半的时候，她带他去了游乐场。他和其他孩子一起爬上了一艘旋转摇摆船，当其他孩子正在船上感受旋转摆动而欢呼雀跃时，贝佐斯却一直在心里思索着游乐设施本身运行的力学原理，并认真安静地观察游乐设施的缆绳和滑轮系统的运转方式。不久之后，他还试图用螺丝刀把婴儿床拆开。显然，这个男孩醉心于世界的物理运行方式，并且坚信能够在此方面通过自己的努力来塑造这个世界。

贝佐斯自幼在教学水平很高的几所学校中茁壮成长，这为他后来的职业生涯和创立亚马逊奠定了基础。在上小学前，贝佐斯在蒙台梭利（Montessori）幼儿园就读，这时老师们就注意到，幼儿时期的贝佐斯专注力极高，对手头的任务全神贯注，能专心致志地完成事情。贝佐斯在橡树河（River Oaks）小学读完了四年级到六年级，同时他成了"先锋天才计划"（Vanguard gifted and talented programme）中的一员。他的例外主义在他的能力和兴趣上一览无余。他对与科技相关的东西都表现出强烈的兴趣，尤其是计算机。在 20 世纪 70 年代，公众可以使用的计算机仍然很罕见，大多数计算机仅用于工业和国防领域。不过，碰巧橡树河学校与当地一家拥有备用主机的公司有些联系，该公司将主机借给了学校，孩子们便可以通过电传打字机访问主机。相比于我们现在的科技水平，这个系统难免显得落后笨重，但机器和主机之间的交互，特别是系统可以通过编程产生新的输出结果，这些都引起了贝佐斯浓厚的兴趣。

贝佐斯第一次通过橡树河学校的电传打字机接触到电脑，他从一开始就对数字化的未来产生了浓厚的兴趣

贝佐斯对科技的兴趣与日俱增，后来自然而然地爱上了关于外太空的一切。1966 年首播的《星际迷航》（*Star Trek*）系列给人们带来了关于玩与思的启发。贝佐斯和他的朋友们充分发挥童年时期的想象力来扮演《星际迷航》中的场景：他们用纸板当电击枪，让一个孩子扮演企业号星舰的对话计

算机。这台能够处理自然语音输入的计算机一直萦绕在贝佐斯的脑海中，这颗种子在他的内心开花结果，在未来得以实现，变成了亚马逊 Echo 音箱和 Alexa 虚拟助手。（2016 年，贝佐斯在电影《星际迷航：超越星辰》中客串了一名外星星际舰队官员，虽然戏份很少，但毕竟实现了他一直以来的梦想，他真的成了《星际迷航》系列电影中的一部分。）

在学校上学不是贝佐斯探索世界、学习知识的唯一途径。1968 年，他德高望重的外公辞去了美国原子能委员会的职务，此后更多的时间都选择待在家里的牧场。贝佐斯暑假的大部分时间都在外公的农场里度过，在这里他可以自由探索，还能受到他外公的熏陶。外公是一个真正的农夫，他自力更生、坚韧不拔而且严谨务实。牧场上的所有活，不论是阉割公牛还是修理复杂的农用机械，都是他靠创造性思维、随机应变和自学来解决的，而不是一遇到困难就拿起电话向外界求助（外公不喜欢浪费钱做不必要的事）。贝佐斯也会帮忙在牧场干活，外公鼓励他培养自立和适应能力。贝佐斯在牧场里无拘无束地快乐成长，他可以在这里"创造与漫步"（这是贝佐斯即将出版的一本文集的标题）。

外公也鼓励贝佐斯发展他的兴趣爱好，带他去当地的图书馆读书，阅读一些著名的科幻小说，如艾萨克·阿西莫夫（Isaac Asimov）和罗伯特·海因莱因（Robert Heinlein）的书，开阔他的视野。2021 年 7 月 20 日，贝佐斯乘坐自己的太空探索公司"蓝色起源"建造发射的"新谢泼德"号（New Shepard）火箭进入太空，这与他儿时对太空和科幻小说的迷恋有着密不可分的联系。我们甚至可以认为，贝佐斯做的所有突破性的努力，包括创立并扩张亚马逊，都是为了实现他的太空探索愿景，以及实现人类有朝一日能够在不同星球上生活发展的梦想。2018 年，《连线》（Wired）杂志记者史蒂文·莱维（Steven Levy）采访了贝佐斯，谈论了他的蓝色起源公司。采访的前提是，莱维要观看 1975 年首次播出的 30 分钟纪录片《圆桌会议》（Roundtable），在该纪录片中，哈罗德·哈耶斯（Harold Hayes）采访了天体物理学家杰勒德·奥尼尔（Gerard O'Neill）和科幻作家艾萨克·阿西莫夫。这次采访［在油管（YouTube）上仍然可以看到］给两位伟大的思想家提供了难得的机会，他们彼此畅谈对外太空生活的设想。奥尼尔表示，地球有一天或许会变成一个原始的休闲公园，供已被送往外太空生活的人们参观探访。正如我们所看到的，这个想法对贝佐斯产生了持久的吸引力，因为它或许指日可待。贝佐斯曾经的女友厄休拉·沃纳（Ursula Werner）在采访中说道，她觉得贝佐斯也渴望成为亿万富翁，因为这是他拥有属于自己的空间站的唯一途径。

贝佐斯小时候曾有很多的榜样或偶像，外公无疑是最重要的一位。在普林斯顿大学毕业典礼上的演讲中，贝佐斯讲述过一个故事，他的外公不仅培养了他的智力，还塑造了他的品格。在一次与外公外婆的旅行中，贝佐斯调皮地告诉吸烟的外婆玛蒂，他计算过，吸烟会让她少活 9 年。当时玛蒂还正在抗癌，听到这话，她就哭了起来。于是外公把贝佐斯带到一旁，用平静而坚定的语气，给他上了人生中至关重要的一课："杰夫，总有一天你会明白，善良比聪明更难。"贝佐斯在之后的演讲中也经常提到"建立在善良之上的智慧"，这显然也引起了人们的共鸣。

除了在学术和文化上的兴趣，贝佐斯还参与了一些学校的体育运动，比如棒球和足球。大家都说，在这两项运动中，他不算是最优秀的运动员，但他好胜心强，而且很投入；他还将自己强大记忆力的优势和天生的系统分析能力运用到了比赛当中。在足球队刚开始招募队员时，他并不被看好，赛前称重也只是勉强通过。然而两周后，教练就任命他为防守队长，因为他能记住所有的比赛，还能在脑海中描绘出对方球员的所有位置。

贝佐斯 13 岁时，养父找到了新工作，全家搬到了佛罗里达州的彭萨科拉。这次搬家并没有影响到贝佐斯在学术领域的优秀表现，他提前一年进入了新学校的天才项目组。他在青少年时期表现出了对与技术和工程相关的事情的兴趣。通

过利用改装后的家用电器，以及在当地无线电器材公司购买
的成套设备，他的理论研究在许多探索性工作中得以实现。
一个真空吸尘器就这样在他的手里被改造成了水翼船；家里
涌现出了各种带有触发器的报警系统，于是父母和兄弟姐妹
不得不在房子里小心行动；还有一把敞开的伞，伞布由锡纸
做成，这把伞是太阳能烹饪的实验品。很显然，贝佐斯不是
一个只对书本上的知识感兴趣的孩子，他明白必须亲自动手
实验，才能让知识在现实世界里得到应用。

　　来到佛罗里达两年后，他们又搬到了迈阿密（Miami）的
戴德（Dade）县，贝佐斯在那里的帕尔梅托（Palmetto）上
学。贝佐斯仍然保持着他的好奇心，他的不懈努力让老师和
同学们都觉得很了不起，但偶尔也会令人生畏。他在学校的
科学和象棋俱乐部里找到了新朋友，应对新的挑战；他还参
加了佛罗里达大学的学生科学培训项目，该项目为学校的学
生提供科学、工程和计算机技术等相关领域更深层次的学习
平台。他的能力太过突出，学业奖项也水到渠成。他不仅多
次获得科学和数学领域的最佳学生奖，还在 1982 年获得了国
家优秀奖学金。事实证明，这一年对贝佐斯来说是收获颇丰
的一年，因为他还获得了银骑士奖。银骑士奖是《迈阿密先
驱报》（*Miami Herald*）自 1959 年开始设立的一项全国性奖
项，用于奖励学习成绩优异的高中生。

在少年时代后期，贝佐斯开始萌发了创业的念头，这种想法渐渐根深蒂固。其中部分原因是他发现自己在生活中有非常多不愿意做的事情。在他16岁（1980年）的那个夏天，他在麦当劳找了一份工作，在店铺后面做烤肉工，为蜂拥而至的顾客做了数百个汉堡。他并不喜欢这种枯燥的工作，但通过亲身经历，他也确实学到了一些商业经验，特别是在通过自动化流程来提高工作效率。他看着点餐机、蜂鸣器、炸锅以及其他机器被设计组装成一套高效工作的系统，排除万难只为让顾客下单之后稳妥地拿到自己的餐。他在之后的采访中说过，麦当劳教给了他早期关于客户服务和客户导向的重要经验。

尽管在麦当劳的经历非常宝贵，但当下一个暑假到来时，他决定不再去麦当劳厨房做兼职，而是实现他的远大目标，为四到六年级的学生打造了一个为期十天的夏令营学习项目，并将其命名为"梦想研究所"，他将亲自开发和运营这个项目。不过，这并非是幼稚的免费行为。他的收费标准是每个孩子600美元，最终有6人报名参加了这个活动（虽然其中两人是他自己的弟弟妹妹）。贝佐斯的很多想法都隐藏在夏令营的标题中："梦想"代表定向推理方法，是一种将智力与明确的目标结合在一起的构想。夏令营的课程将文学、科学和工程学3门学科融合在一起，这的确是一种学科多元化的授

Homestead High's salutatorians are Chris Mueller and Tom DePlonty.

Killian

Michelle Sernaker, 17, first in a class of 749, will attend Massachusetts Institute of Technology and study engineering.

Sernaker won her school's French award and is one of three Dade students to win a corporate-sponsored National Merit Scholarship.

"I sort of wanted to be valedictorian the whole time. I couldn't have done it if I hadn't worked toward it," she said.

Salutatorian is Joanne Kirk.

Jeffrey Bezos, 18, first in a class of 680, will study electrical engineering and business administration at Princeton University.

He wants to build space hotels, amusement parks, yachts and colonies for two or three million people orbiting around the earth.

"The whole idea is to preserve the earth," he said. His final objective is to get all people off the earth and see it turned into a huge national park.

Bezos won the Silver Knight winner in science and is a National Merit Scholar. He has won his school's Best Science Student award for the past three years

Please turn to BEST / 24

Sunday, June 20, 1982　w　The MIAMI HERALD　25

> 《迈阿密先驱报》（1982年6月20日）刊登了一篇关于18岁的贝佐斯的简介，证明了在他十几岁的时候，关于太空的未来构想就已成为他的核心思想之一

课方法，他后来也将其纳入了自己公司的培训体系中。因此，学生上课时会发现自己一会儿阅读和讨论托尔金（Tolkien）的《指环王》（*Lord of the Rings*）和狄更斯的《大卫·科波菲尔》（*David Copperfield*），一会儿又在看黑洞或苹果二代电脑（贝佐斯当时正在使用的电脑），有时还会了解与星际旅行相关的理论。为说服家长让孩子报名，贝佐斯制作了宣传单，

他在传单上写道：他主张"在传统领域使用新的思维方式进行思考"。

贝佐斯在整个求学过程中展现出过人的天赋和非同常人的领导能力，所以他在高中毕业时作为毕业致辞者站在讲台上进行演讲也就不足为奇了。他在演讲中将他对太空的热爱与年轻人的雄心壮志融为一体，向年轻的观众们阐述了他的梦想，即通过在太空建立聚居区，将人类从对地球的依赖中解放出来。回过头来看，在当时大多数青少年看来是痴心妄想的东西，现在似乎成了杰夫·贝佐斯生活的重心。

从大学走向职场

由于学业成绩优异，又获得了银骑士奖等奖项，他提前被普林斯顿大学录取，就读于精英阶层专属的电气工程和计算机科学（EECS）专业。贝佐斯是当年此专业仅有的 20 名被录取的学生之一，毕业后获得工程科学学士学位（BSE）。当时，普林斯顿大学的 BSE 学位将工程和计算机科学划分为一个大专业下的两个学科。在他毕业的一年后，这两个学科被分割成两个学位专业。贝佐斯采用的多学科学习方法，为他创建亚马逊提供了极大的帮助，因为他当时面临一些技术问题，包括从仓储和分销效率问题到网上订购和营销的复杂问题等，而当时互联网仍处于萌芽阶段。

Junior Jeff Bezos: the future scientist hopes to follow his flies into space someday. *Photo by Barry Carothers*

Bezos' ideas for future anything but earthbound

By J.L. WEINSTEIN

He wants to send flies into space: he has fixed everything from a windmill in Texas to a binary electronics system in Miami; he is President of Phi Beta Chi and past president of JETS; and he was first runner-up for the Miami Herald Grand Award in science at Dade County Youth Fair Science Fair.

Junior Jeff Bezos is obviously not the average student.

The National Space and Aeronautics Administration (NASA) and its Space Shuttle Student Involvement Program selected Bezos as one of the top 200 young scientists in the nation for his project. "The Effect of Zero Gravity on the Common Housefly."

For this, he and his faculty advisor Deanna Ruel, have won an all-expense paid trip to the Marshall Space Flight Center, located in Huntsville, Alabama. This Space Flight Center is NASA's main research complex.

Bezos's idea calls for the sending of 9 cages of 75 houseflies each aboard the space shuttle. "My original idea," says Bezos, "was to find out whether zero gravity would reduce the aging process."

On the eighth and ninth of April, Bezos attended the Florida State Science Fair in Bradenton, Florida where he received a superior rating and the second place award

in physics for his project "The Effects of Ultrasonics on Air Friction.

Last summer he attended the Governors Program for Physics.

Bezos, who is a member of Spanish National Honor Society, Social Science Honor Society, Mu Alpha Theta, English Honor Society, and Phi Beta Chi, along with the Junior Engineering and Technological Society (JETS) and the Spanish Club plans on pursuing a career as a "Space Entrepreneur."

Bezos says "The earth is finite, and if the world economy and population is to keep expanding, space is the only way to go." As a "space entrepreneur," he would "construct solar power satellites that would make the world peaceful and affluent through abundant, cheap energy."

Last summer, Bezos attended the Governors Program for Physics, but most of his summers are spent of his grandfather's 2,000 acre ranch in Texas fishing and rounding up cattle on horseback.

Bezos says that the 3 people he admires most are "Benjamin Franklin, because he could do so many things well, Thomas Edison, because of his inventive mind, and Walt Disney, because of his ability to make people see his dreams."

> 这篇刊登在迈阿密当地报纸上的文章显示出了贝佐斯早期的例外主义。当谈到贝佐斯想成为一名"太空企业家"时，作者写道："杰夫·贝佐斯显然不是一个普通的学生。"

从表面上看，普通人（包括笔者）看到那些从大学辍学后开始一路高升的亿万富翁企业家的故事时，可能都会心情激动，但贝佐斯并不是这种人。相反，他自我激励的品质和争强好胜的性格，注定让他在大学时出类拔萃。1986年，贝佐斯以最高的成绩毕业，平均成绩绩点（GPA）为4.2，跻身前3%的毕业生之列。但提高学习成绩并不总是要以牺牲社会活动时间为代价。他依然十分迷恋与太空相关的一切。他成为太空探索与发展学生组织（SEDS）普林斯顿分会的主席，按照其官网上的解释，这是一个致力于"培养不断发展的太空领域未来的领导者和贡献者"的国际学生组织。贝佐斯还是斐陶斐荣誉学会（Phi Beta Kappa）的成员，这是美国历史最悠久的国家荣誉学术学会（成立于1776年），其普林斯顿分会只对大四排名前十分之一的学生开放。同样，贝佐斯被选为美国工程荣誉协会（Tau Beta Pi）的成员，这是一个成立于1885年的国家工程荣誉协会，只向学术能力较高的人开放。贝佐斯在大学生涯中还加入了许多其他的组织，他是普林斯顿大学11个"饮食俱乐部"之一的四方俱乐部（Quadrangle Club）的成员。饮食俱乐部本质上是私人餐厅和社交俱乐部，每个俱乐部都位于展望大道（Prospect Avenue）的大豪宅里（四方俱乐部位于33号）。四方俱乐部的知名校友包括参议员、州长、大使、法官、高级军事人员和著名作家。

贝佐斯与普林斯顿大学始终保持着密切的联系，他经常来这里向学生和教师发表演讲。毫无疑问，他所接受的一流教育，使他拥有聪明头脑的同时又获得了技术能力，这在以后会大有用途。然而，普林斯顿大学的教育对贝佐斯最大的影响，可能在于学校生活使他看清了人才的本质和局限性。当他刚开始大学学习时，他的初衷是追求理论物理学，但当他看到其他一些拥有极高数学天赋的学生，尤其是当他注意到一位名叫亚桑塔·拉贾卡鲁纳亚克（Yasantha Rajakarunanayake）的斯里兰卡天才时，他的思想发生了变化。一天，贝佐斯和他一个学物理的好朋友在做一道高深的数学题，几小时后他们仍然没有得出答案。于是他们找到拉贾卡鲁纳亚克这位拥有非凡数学头脑的人，询问他是否可以帮忙。拉贾卡鲁纳亚克在很短的时间内就解决了这个问题，在解题时他写了 3 页详细的笔记。2018 年 9 月 13 日，贝佐斯在华盛顿特区华盛顿经济俱乐部的里程碑庆祝晚宴上接受了采访，谈起他对这件事情的看法。

那一刻我醍醐灌顶。因为就在那一刻，我意识到我永远不会成为一个伟大的理论物理学家。我开始重新自我审视。在大多数职业中，如果你处于前 90% 的位置，你就能有所贡献。但在理论物理学领域，你必须是世界排名前 50 中的一员，否则你真的无法在这个领域有所建树。

贝佐斯明白了一个亘古不变的道理，那就是要发挥自身的优势。他明白，人们的思维方式各不相同，有些人只需稍稍努力就能成为出类拔萃的人，而其他人则需要付出更多额外的努力才有可能达到相同的水平。在后来的亚马逊的招聘与解雇动态中，贝佐斯显示出了他对人力资源的洞察力：寻找最优秀聪明的人才，拒绝无法迅速推动亚马逊发展的人。1999 年，他在接受《连线》杂志采访时表示，他意识到自己无法在理论物理学领域脱颖而出，因此他换了专业，并决心在商业领域取得成功。1985 年的贝佐斯怎么也不会预料到，普林斯顿大学会向他介绍一项新技术，这项技术不仅决定了贝佐斯的未来，也决定了世界的未来。这项技术就是互联网技术。

初入商界

贝佐斯自身具有许多优势，如高深的学术造诣、普林斯顿大学的头衔、在普林斯顿建立的社会关系网，以及计算机

技术学科在科学、商业、金融和政府几乎每个领域日益增长
的影响力，使他毕业找工作时拥有超乎常人的竞争力。他一
毕业就收到了几份工作邀请，包括英特尔（当时在新兴个人
电脑市场的微处理器生产方面处于主导地位）、贝尔实验室和
安徒生咨询公司。但是贝佐斯第一份重要的工作，则是就职
于一家名为菲特尔（Fitel）的金融电信公司。该公司刚刚起
步，但是发展势头迅猛。这正是野心勃勃、富有创新精神的
贝佐斯最中意的地方，这个公司可以成为他最初的知识家园，
帮他实现财务自足。该公司由学术界的数学家和科学家格拉
谢拉·齐齐尔尼斯基（Graciela Chichilnisky）和杰弗里·希尔
（Geoffrey Heal）于 1985 年创立。他们一起开发了一种名为埃
基内（Equinet）的金融自动交易和结算系统，使个人电脑能
够连接到大型金融数据库，进行更快、更及时的实时交易。
在这里，贝佐斯亲身体验到了当互联网成为有价值的信息来
源，提供直接的客户需求时，它会变成什么样子。他还看到，
当下的技术比以前的系统模型极大地提高了效率：用户可以
通过埃基内输入、确认、结算和记录金融交易，而且是在数
据完全加密的情况下进行。菲特尔的快速发展证明了这一系
统的有效性，当贝佐斯加入公司时，该公司已在纽约、伦敦
和东京都设有办事处。

从一开始，贝佐斯就展现出了其解决问题的思维方式，

以及长时间工作的业务能力，这给他的新老板留下了深刻印象。他成了开发主管和客户服务总监。很难想象，会有这么两个职位能让贝佐斯获得与亚马逊的创立和发展相关的早期经验。他还展示出了自身的领导能力，先后掌管了伦敦和纽约办事处。贝佐斯成功的一个关键因素在于，许多在计算机工程界工作的人通常十分内向，这种内向使许多有能力的计算机工程师无法走出昏暗的编程室，走进领导层的视野；贝佐斯显然不是这种内向的人。但同时，又没有一种确定的人格类型能概括他。他极度好奇，狂热工作，有时略显执拗，但又有一种超凡的专注力，集中全部精力，努力探索，专注于实现一个目标。他一直都坚持反对"有些事注定不可能"这种观点。

20世纪80年代末和90年代初，贝佐斯参与了一系列华尔街技术岗位，除了在菲特尔的第一份工作，1988年至1990年，他在纽约的信孚银行（Bankers Trust Company）工作。这份职业介于金融业与计算机行业之间。贝佐斯只在此公司工作了两年，但他的晋升速度飞快，在1990年2月成为公司有史以来最年轻的副总裁。这份工作使贝佐斯进一步适应了通过计算机网络处理巨额交易的能力，在他任职期间，他的电脑系统管理着超过2500亿美元的交易额。

贝佐斯职业生涯的下一步发展，成了他创建亚马逊道路上真正意义上的垫脚石。1988 年，哥伦比亚大学计算机科学助理教授大卫·埃利奥特·肖（David Elliot Shaw）成立了对冲基金公司肖氏基金（DESCO）。该公司后来成为华尔街最具创新性的公司之一，但它在其工作、技术和客户投资组合方面行事低调，因此，1996 年詹姆斯·阿利（James Aley）在其刊发于《财富》（*Fortune*）杂志的文章中称它为"华尔街最具吸引力的神秘力量"。截至该文章发表时，肖氏基金有 300 名员工，总资本约 6 亿美元，交易量约相当于整个纽约证券交易所的 5%。在 1990 年贝佐斯加入该公司时，它的规模不大，但已经是一股不容小觑的力量。

贝佐斯站在其养父迈克·贝佐斯旁边。迈克·贝佐斯从古巴移民进入美国，无论在生活、事业还是家庭方面都称得上是成功人士

肖也和贝佐斯一样，利用互联网的潜力，开发了可接入高速网络的定制量化交易软件，软件中的算法加快了交易速度，并能识别和利用机会。在接受《财富》杂志采访时，肖自己解释说，"我们的目标是研究计算机和资本的交集，并在这个交集中尽可能地寻找有趣和赚钱的机会。"肖后来被称为"量化投资之王"。

一家小型、灵活、以科技为驱动力的公司，或许会胜过规范化的老公司，这个想法对贝佐斯来说非常有吸引力；除此之外，亚马逊身上还有肖氏基金公司一些其他文化特征的影子。公司文化是非正式的，员工可以穿着休闲装工作，但同时，这又是努力工作的地方，员工们都在努力追求创新和超越。该公司没有招聘太多金融专家，而是大量招聘了科学家和工程师，这些人拥有不同技术和创新的前沿知识，能够以全新的眼光看待金融交易的系统挑战。公司对员工的智力要求很高。面试时，应聘者甚至会被问到这样的问题："美国有多少台传真机？"这可以看出他们如何通过演绎法和计算来解决问题，而不是仅依靠死记硬背或预先准备好的答案来通过面试。

在这里，贝佐斯感到既舒适又有挑战性。他传说中的长时间工作能力很快显现出来；他甚至在办公桌旁边放了一个卷起来的睡袋，这样他就可以在工作到太晚不想回家的时候

睡在办公室。1993 年，他开始在芝加哥经营期权交易集团，
并监督公司进入"第三市场业务"，即投资者在场外而不是
通过交易所进行证券交易，从而节省了交易所的交易佣金。
1992 年，贝佐斯成为公司的高级副总裁。与在信孚银行时一
样，他是该公司历史上最年轻的首席执行官。

　　他在肖氏基金工作期间还有其他收获，不过，这是仅
针对他个人而言意义非凡的收获。1970 年 4 月 7 日，麦肯
齐·斯科特·塔特尔（MacKenzie Scott Tuttle）出生于加利
福尼亚州旧金山，后来她与杰夫·贝佐斯相遇并结婚了。但
她与贝佐斯不同，麦肯齐更倾向于创作艺术，尤其是小说
写作。她的第一份手稿《书虫》（*The Book Worm*）是在她 6
岁的时候写的。对写作的热爱一直持续到她的青少年时期。
1988 年，她从康涅狄格州莱克维尔（Connecticut）的霍奇基
斯（Hotchkiss）学校毕业后，又从普林斯顿大学毕业，获得
了英语学士学位。她的导师之一，伟大的小说家托尼·莫里
森（Toni Morrison，1993 年诺贝尔文学奖得主）后来评价麦肯
齐是"我在创意写作课上遇到的最好学生"。麦肯齐担任了莫
里森《爵士》（*Jazz*）的研究助理，这是一部广受好评的小说。
在后来的生活中，她还写了两部小说和几部纪实作品。

　　不过那是以后的事了。从普林斯顿大学毕业后，她来到
肖氏基金工作，担任行政助理。正是在那里，她遇到了贝佐

斯，贝佐斯成了她的直属经理，他们迅速坠入爱河。麦肯齐被贝佐斯有力而真诚的笑声吸引，这也是贝佐斯一大性格特征，许多评论家都认为这是他最具活力但同时也是最令人厌烦的特点之一。两人发展起了办公室恋情，并在第一次约会的 3 个月后订婚，然后于 1993 年 9 月在佛罗里达州的西棕榈滩举行了婚礼。

毫无疑问，在肖氏基金，贝佐斯的事业和个人生活双喜临门。在这里，贝佐斯可以和肖以及其他富有创造力的人一同讨论未来的创新走向，尤其是与互联网相关的创新。他们的想法之一是创建一种免费的电子邮件服务，通过投放广告赚取资金。肖氏基金并不是唯一一家开发这一领域业务的公司。Hotmail 于 1996 年 7 月 4 日由企业家沙比尔·巴蒂亚（Sabeer Bhatia）和杰克·史密斯（Jack Smith）推出，但在 1997 年 12 月被微软以 4 亿美元的价格收购。雅虎邮箱于 1997 年 10 月推出。这两项服务都是通过标准的网络浏览器进行，不需要用特定软件来访问电子邮件。1996 年 5 月，肖氏基金为朱诺在线服务公司（Juno Online Services）提供了股权资本和总部大楼。朱诺在线服务公司是一家互联网服务提供商（ISP），并于次年 8 月推出了免费电子邮件服务。● 肖氏基金的非正式智囊团还创建了在线经纪和基于互联网的个人金融服务部门远景财务（FarSight Financial），后来卖给了美林（Merrill Lynch）公司。

不过，对于贝佐斯来说，有一个想法始终盘旋在他的心里。这个想法来自他和肖之间一次随性的对话。他们称之为"万能商店"。

● 2001 年，在一场旷日持久的专利战之后，朱诺与网络零点（NetZero）公司合并，新公司名为"联合在线"（United Online）。

JEFF BEZOS

第二章
创 业

　　我们需要了解一点科技史，这有助于我们迈出了解贝佐斯创建亚马逊公司的第一步。在 20 世纪 80 年代之前，计算机和电子网络都是复杂的专业领域。电子计算机诞生于 20 世纪 50 年代，主要应用于国防情报和指挥与控制系统领域，尤其是在核武器系统和部队方面。早期的计算机工程师面临着一个挑战：他们意识到，需要开发能够使计算机和操作人员远程"交互"的系统，从而节省操作人员在计算机之间移动奔波的时间；同时，也避免最重要的计算机控制系统受到严重核心攻击，使其他计算机系统面临巨大风险。人们在计算机通过不同的终端共享主机这方面取得了一些进展，但计算机技术真正实现飞跃是在 1965 年。那一年，麻省理工学院林肯实验室的计算机科学家劳伦斯·罗伯茨（Lawrence Roberts）演示了两台计算机是如何通过声学调制解调器和电话进行通信，并通过"数据包"向下发送数据的。"数据包"是指将较大的信息切割成可管理的块，并在接收端重新组合成完整的信息。1967 年，罗伯茨来到美国政府高级研究计划局（ARPA）

信息处理技术办公室（IPTO），致力于通过一种名为阿帕网
（ARPANET）的"分组交换"网络，努力打造出一个国际数
字通信网络。分组交换和阿帕网背后的另一位伟大人物是加
州大学洛杉矶分校（UCLA）教授伦纳德·克兰罗克（Leonard
Kleinrock）。1969 年 10 月 29 日，克兰罗克监督加州大学洛杉
矶分校的学生查利·克兰（Charley Kline）完成了阿帕网的第
一次信息传输，将信息从加州大学洛杉矶分校的一个终端传
输到 645 千米外的斯坦福大学。这意味着，我们今天所说的
互联网诞生了。

阿帕网继续不断发展。到 1973 年，世界各地约有 30 个
机构能够通过它进行电子交谈，发送早期形式的电子邮件和
各种其他数据包。但它仍然是学术和国防精英专用的技术，
广大公众接触不到它。随着创新加速发展，一些技术和商业
的转变深刻地改变了这种状况。1971 年，在马萨诸塞州的剑
桥市，计算机科学家雷蒙德·汤姆林森（Raymond Tomlinson）
发明了我们今天熟知并喜爱的高效电子邮件地址格式，使
用 "@" 符号将用户姓名与计算机目的地分开。各种文件传
输协议（FTP）系统被设计出来，文件共享从此变得更加简
单。1974 至 1978 年，美国计算机科学家鲍勃·卡恩（Bob
Kahn）和文特·瑟夫（Vint Cerf）开发了传输控制协议 / 互
联网协议（TCP/IP），使计算机能够以共同的语言彼此交流，

并为每台计算机提供唯一的 IP 地址（一长串难记的数字）。
1983 年，南加州大学的保罗·莫卡派乔斯（Paul Mockapetris）
和乔恩·波斯特尔（Jon Postel）发明了域名系统，可以将
IP 地址转换为简单的名称。最重要的是，世界上第一批个
人计算机（PC）在 20 世纪 70 年代开始进入大众的家庭和
办公室；20 世纪 80 年代，它们的价格降了下来，进入了大
众市场。计算机成了一种普遍的设备，世界将不再是原来的
样子。

这些变化推动了计算机网络即"互联网"（瑟夫和卡恩在
1974 年创造的术语）的发展。到 1987 年有 3 万台主机（能
够访问网络的设备）连接了互联网。但在很大程度上，仍
只有技术专家才会访问互联网。后来，在 20 世纪 80 年代末
和 90 年代初，英国计算机科学家蒂姆·伯纳斯 – 李（Tim
Berners–Lee）在瑞士日内瓦的欧洲核子研究中心（Conseil
Européen pour la Recherche Nucléaire，CERN）粒子研究实验
室工作时，为大众打开了互联网之门。他开发了超文本标记
语言（HTML），对外行来说或许有点晦涩难懂，但实际上这
是一项具有突破性的成果。使用超文本传输协议可以在互联
网上访问以 HTML 编写的信息页面，并通过"超链接"访问
单个文档，这些链接指向统一资源标识符（URI）系统中的地
址。我们现在熟知的统一资源定位器（URL）网址就是从 URI

中产生的。此外，1990 年，伯纳斯 – 李还设计了一款"浏览器"软件，任何人都可以访问和阅读 HTML 文档。他将其称为"万维网"，这也是人类历史上影响深远的技术革命之一。而现在，互联网可以应用到商业中了。由于互联网迅速在私营领域扩张，阿帕网于 1990 年正式退出了历史舞台。

1993 年，美国计算机科学专业学生马克·安德森（Marc Andreessen）发明了马赛克浏览器，性能得到了显著提升。它运行流畅，附带有我们现在熟悉的功能，比如，在多个操作系统上安装一个软件，以及点击式互联网访问。一年后，安德森与企业家吉姆·克拉克（Jim Clark）将自己的公司马赛克通信公司（Mosaic Communications）改名为网景通信公司（Netscape Communications）。从此，网景导航仪（Navigator）应运而生，它是 20 世纪 90 年代中期功能强大的网络浏览器，1996 年拥有 1000 万用户和 86% 的市场份额。它在微软新推出的视窗（Windows）操作系统 Windows 95 上运行得非常流畅。Windows 95 是于 1995 年推出的一款系统，更加适应正在崛起的互联网时代。Windows 确实向社会展示出了计算机的实用性。此外，1995 年微软推出了 Internet Explorer 浏览器，成为 Windows 系统的一部分；到了 1999 年，这款浏览器的市场份额超过了 Navigator。

互联网热潮持续不断。到 1996 年，大约有超过 10 万个网站正在运营。第一批电子商务网站也开始为人所知。值得一提的是，第一家在线图书零售商并不是亚马逊，而是由克利夫兰（Cleveland）的查尔斯·M. 斯塔克（Charles M. Stack）建立的书架公司（Book Stacks Unlimited）。其网站 Books.com 于 1994 年开通，可以进行搜索和分类，提供 50 万册图书，每月还能吸引约 50 万的客户。这些客户可以通过信用卡在线支付，并通过员工的评论和推荐来买书。很快，美国各地就出现了几家类似的网上书店，贝佐斯应该对这些书店有所耳闻。实际上，正是由于他对这些商店提供的服务感到不满，才让他看到了市场的空白，并相信自己可以做得更好，填补这个空白。互联网零售的增长潜力是巨大的，贝佐斯深知这一点。在创立亚马逊之前，他就计算出互联网流量在短短一年内增长了 23 万倍，而这才只是刚开始。如果他要采取行动，就必须是现在。（不过，"网上零售很快就占据了主导地位"这种看法还不准确，毕竟到 2010 年，网上购物的销售额仍只占美国零售总额的 6%）

万能商店的诞生

早期互联网机遇与挑战并存，但贝佐斯依然选择在这片土壤上播种他开发在线购物新形式的梦想。研究数据显示：

互联网流量正在经历真正的爆炸式增长，而这还只是早期阶段。他与肖的讨论让他相信了所谓的"万能商店"的可行性。"万能商店"是在线零售商，通过在线零售界面和快速分销网络，将不断扩大的互联网客户基数与制造商和供应商连接起来。虽然肖认为这是一次有趣的讨论（后来它真的变成一项投资），但贝佐斯已有预感。是时候单干了。

毫无疑问，离开肖氏基金是充满挑战性的抉择，贝佐斯的这份工作曾为他提供了创造性的工作氛围、稳定的职业和收入来源，这些都成为贝佐斯追求在线零售梦想的力量。但正如贝佐斯后来在 1998 年加州联邦俱乐部的一次演讲中说的那样：

> 举例来说，我知道，就算我到了 80 岁，我也不会懊悔没在 1994 年中那段最落魄的时光收下华尔街的红利。当你 80 岁的时候，你就不会再为这种事情操心了。但我反而可能会后悔没有参与互联网这个我认为会成为突破性事件的东西。我这样一想，就下定了决心。

贝佐斯将这种涉及未来决定的决策公式定义为"最小化后悔公式"，成为他创业动力和冒险精神的重要组成部分。多年来，贝佐斯不断重复并完善这个公式。2018 年 4 月，贝佐斯在接受《商业内幕》（*Business Insider*）的马蒂亚斯·多普夫纳（Mathias Döpfner）采访时解释说，在职业生涯中，人们往往对他们没有做的事情感到后悔，而不是对他们做的事情感到后悔，因此，最好以一种使未来后悔的风险最小化的方式来行事。一旦他选择为了"万能商店"这样做，结果就很清楚了——他必须离开肖氏基金，不论风险如何。

1993 年底，贝佐斯走出了肖氏基金的大门，开始转向自己的互联网初创企业。接下来有个关键问题："我能卖什么？"虽然"万能商店"的目标在于成为售卖所有商品的通用商店，但这在一开始是行不通的。所以贝佐斯决定，他将只从一个产品类别开始，那就是图书。

图书是一种理想的在线零售产品。现有的图书目录非常庞大，且易于获取，通过当时经营的两家大型图书分销商——英格拉姆图书公司（Ingram）和贝克与泰勒（Baker & Taylor），可以很容易地获取纸质图书。公众有巨大的阅读兴趣，但建立每个客户的阅读偏好的信息也很重要，这样可以形成一个强大的数据库来推动未来销售。如果考虑到运输层面，图书也是很方便运输的商品。图书的大小和样式大多可控，形状常规，易于包装，更方便邮寄。

要卖的产品确定了，但挑战仍然很多。当时的电子商务仍处于起步阶段。这意味着系统和基础设施的每一个方面都必须从头开始，同时资金也在不断减少，耗尽了微薄的资源。更可怕的是，这家初创公司需要以非凡的勇气对抗巨大的竞争对手，即当时主要的连锁书店。例如，1993 年，皇冠图书（Crown Books）在全美有 196 家连锁店。博德斯连锁书店（Borders）的规模和影响力甚至更大，在 20 世纪 90 年代，它不仅占据了美国图书市场的大部分份额，而且在国际上也有很大的影响力，其图书超市既是吃喝玩乐的场所，也是寻找和购买图书的场地。但图书行业真正的巨头是巴诺书店（Barnes & Noble, B&N）。特别是在 1987 年收购了 797 家达顿书店（B. Dalton）之后，巴诺书店就开始一路高歌猛进。为了让人们了解巴诺书店的规模，此处拿巴诺书店与亚马逊做比较：当 1997 年巴诺书店推出自己的网上书店时（下文会提到），亚马逊有 125 名员工和 6000 万美元的年销售额，而巴诺书店有 3 万名员工和 30 亿美元的年销售额。有几位潜在投资者向贝佐斯指出了一个危险信号：一旦亚马逊探出头来，巴诺书店就会打造一项更具竞争力的服务，利用其庞大的资本和客户基数，在亚马逊蓄势待发之前将其击垮。

　　这些因素贝佐斯都已经考虑到，但是他仍然坚持着自己的梦想，他相信自己可以立于互联网创新前沿，并有信心能

在大公司努力追赶时仍保持领先。但这并不代表他无视这些
风险。在一开始，他就告诉亚马逊的许多早期投资者，失败
的可能性为70%。有些人可能认为，即使是往高了说，但这
个数字也太夸张了。

为了给刚刚起步的公司起个好头，贝佐斯选择了华盛顿
州的西雅图作为他的公司选址地。这一决定背后有严格的考
量。美国商法规定，公司只需要在公司所在的州缴纳销售税，
因此，公司会设立在人口相对较少的州，而不是在那些拥有
数百万客户的州（例如纽约），这个想法是很合理的。选择西
雅图还有另外两个优势：它靠近英格拉姆图书公司的分销仓
库。此外，它还是技术人员的聚集地，这意味着贝佐斯可以
充分利用这里丰富的专业知识资源。

因此，贝佐斯和麦肯齐的当务之急就是搬到西雅图。他
们在1994年7月进行了一次公路旅行，在这次旅行中，这对
夫妇飞往得克萨斯州，借了贝佐斯父亲的1988年雪佛兰越野
车，然后开车来到西雅图。即便是在旅途中，贝佐斯也在不
停地敲击着笔记本电脑的键盘，在Excel表格中进行销售预
测。在西雅图，贝佐斯的第一个办公场所是他新家的车库。
他们尽量在各种方面节衣缩食。贝佐斯是用自己的1万美元
现金开始创业的，并在接下来的6个月里辅以8.4万美元的贷
款，而这对启动一家大型科技创业公司来说还不够。他们从家

得宝（Home Depot）买了桌子放在车库里，这些桌子将成为包装区；此外，他们必须购买电脑，毕竟这是一家网络公司。

　　须知，贝佐斯为他的新公司取的名字是卡达布拉（Cadabra Inc.）。虽然这个名字朗朗上口，但很快贝佐斯就发现了一个问题：在电话里，"Cadabra"这个词经常被误认为是"尸体"（Cadaver），这个名字对品牌建设没有任何帮助。因此，需要取一个新名字。在各种名字中，贝佐斯想到了亚马逊。以地球上最大的南美河流命名公司，不仅给人以磅礴豪情和雄心壮志的感觉，而且有流通与互联的感觉。于是这个名字被保留下来，直到今天，它仍是地球上最知名的品牌之一。

　　此外，公司还需要招聘第一批员工。贝佐斯本人虽然拥有高水平的技术知识和无可挑剔的工作能力，但需要更多有才能的人来推动公司快速前进。麦肯齐是公司第一个员工，负责账目、财务和行政工作，并在招聘中帮助贝佐斯评估员工。第一个外部招募人员是谢尔·卡普汉（Shel Kaphan）。卡普汉拥有数学和计算机科学的学术背景，从加州大学圣克鲁兹分校毕业后，他从事了各种以技术为中心的工作，包括为卡莱达实验室（Kaleida）❶和《全球概览》（*Whole Earth*

---

❶　美国国际商用机器公司（IBM）和苹果公司联合开发跨平台多媒体播放器的失败企业。

Catalog）反主流文化杂志工作，并由此对邮购业务有了深刻的亲身体验经历。他通过个人关系与贝佐斯取得了联系，他们见面讨论了初创公司内部的机会。卡普汉后来说，贝佐斯给他留下了特别深刻的印象，他觉得贝佐斯高度专注、非常聪明、渴望成功，而且还很有幽默感——而这正是他们在接下来的几个月里需要的东西。贝佐斯也对卡普汉印象深刻，并聘请他为研发部副总裁。另一位早期雇员是保罗·戴维斯（Paul Davis），他是一名英国软件开发人员，1989 年移民到美国。戴维斯曾在华盛顿大学的计算机科学与工程系工作，之后在几家软件开发公司任职。负责建设亚马逊网站的任务就交给了戴维斯和卡普汉。

　　这个小型核心团队将共同负责为公司打下基础，那时他们还不知道，眼下的这个小公司将发展成为有史以来最大的零售实体之一。1994 年 11 月 1 日，亚马逊网址注册，公司必须开门营业了。在物质、财务和技术上都有很多事情要做。他们很快就发现，把亚马逊配送中心放在贝佐斯家的车库里是行不通的，所以这家初创公司搬到了位于西雅图工业区的 SoDo 社区的一间小办公室和一个 18.5 平方米的仓库。此外，我们还应当知道，在建立和发展亚马逊的过程中，贝佐斯和麦肯齐还迎来了新的家庭成员。他们总共有了三个儿子，并收养了一个女儿。显然，生活忙碌起来了。

公司发展

1999 年，杰夫·贝佐斯给股东写了一封年度信。在信中，贝佐斯向股东们介绍了公司的现状，因为亚马逊正展望着新千年即将到来的朝阳。这家初创公司成立才 6 年（据统计，到那时大多数新公司都会倒闭），而公司的一些基本数据非常抢眼：销售额为 16.4 亿美元，同比增长 169%，短短 3 个月收入增长 90%；客户达 1690 万，远高于年初的 620 万；超过 73% 的订单来自回头客；22% 的销售额在美国以外（主要是英国和德国）；在不到 12 个月的时间里，物流空间从 27870 平方米增加到超过 464000 平方米。

根据贝佐斯自己的预测，亚马逊在创业之初失败的可能性有 70%，既然如此，一个骨干员工加西雅图的一个小小仓库的组合，是如何让亚马逊发展成为如今这个强大的企业，并且仍在持续不断地发展的？虽然我们可以将外部市场力量和纯粹的运气也算在内，但毫无疑问，这种成功是贝佐斯不懈追求的结果，最终将公司推向越来越高的顶峰。亚马逊内部早期流行的座右铭是"快速做大"，这也是公司生存和成功的口号。

注册了网址后，亚马逊现在面临着更大的挑战，即制作一个功能齐全的电子商务网站。当时是 20 世纪 90 年代，仍然是计算机编程的形成期，所以几乎所有东西都必须从头开始编码，贝佐斯的程序员依靠 C 语言开发客户界面，并依靠伯克利数据库系统（本身是用 C 语言创建的）来提供数据库后端。之后，由家人和朋友进行了该网站的体验测试。1995 年 4 月 3 日，卡普汉的前同事约翰·温赖特（John Wainwright）在亚马逊网站上下了第一笔订单，他购买的出版物是道格拉斯·霍夫施塔特（Douglas Hofstadter）写的《流体概念和创造性类比：思维基本机制下的计算机模型》（*Fluid Concepts And Creative Analogies: Computer Models of the Fundamental Mechanisms Of Thought*）。2013 年，温赖特在问答网站 Quora（一个社交问答网站）上发帖称，这次购买记录一直保留在他的订单历史中，他还保留着包装及包装单。与我们今天使用的网站相比，最初的网站非常简陋。它有一个图书搜索功能（通过主要图书经销商的目录进行索引）、一个购物车和一个付款台，客户可以通过信用卡付款。其中有一个创新点，即顾客可以选择留下书评。有趣的是，客户可以留下任何类型的评论，包括负面评论。有一些人提出质疑，因为消费者有可能会诋毁过去亚马逊为销售图书所做的努力，但贝佐斯坚持认为网站是为消费者服务的，而不是为出版商或作者服务的。如果客户下了订单，亚马逊将从其中一家图书分销商手中取得该出版物，然后将其打包并寄出。在这个过程中，外部参与者拿走他们的份额后，每笔销售的利润所剩无几。

1995 年 7 月 16 日，亚马逊网站终于面向公众上线了。订单在几天内不断涌现，第二周订单就达到了 1.4 万美元（起初，亚马逊员工还会在收到订单时摇铃，不过这种庆祝行为随着订单暴增很快就停止了）。这家新书店出现在雅虎上以后，订单就开始以更快的速度涌现。显然，销量暴增，很快就超出了实体经营各方面的承受能力，从客户数据库到包装和配送设备都是如此，仓库工作人员无法连轴转来完成订单。按照贝佐斯的计划，亚马逊还需要继续发展，所以他需要资金，大量的资金。

贝佐斯的目标是筹集 100 万美元的资金，他还亲身拟定了一份候选投资者名单。他亲手制作了这份名单，并一直在美国各地旅行，劝说名单上的潜在投资者投入资金。但许多投资者都避而远之，他们中大部分人从一开始就无法理解他的主张。贝佐斯后来也提到过，大多数投资者问的第一个问题是："什么是互联网？"但功夫不负有心人，在与投资者进行了 60 次会面后，贝佐斯成功说服了 22 人，每人拿出大约 5 万美元，大多数投资者被面前这个人不可抗拒的自信和智慧征服了。贝佐斯终于拿到了他需要的资金。

■ 贝佐斯拿着亚马逊的第一个指示牌

他很好地利用了这笔资金。1996 年年初，亚马逊增长了 30%。但是要遵循"快速做大"的原则，推动未来的发展，公司对资金的需求越来越大。随着亚马逊的名气逐渐扩大，其规模也迅速扩大。到 1997 年 3 月，该网站平均每天有80000 次点击量。1995 年，风险投资公司凯鹏华盈（Kleiner Perkins Caufield & Byers）向该公司投入了 800 万美元的资金。（显然他们做了一个正确的决定。到 1999 年，他们的投资回报率超过了 55000%。）这笔资金给了公司进一步扩张的希望，贝佐斯和他的财务团队，尤其是备受尊敬的首席财务官乔伊·柯维，开始准备首次公开募股（IPO）。IPO 的承销商是德意志银行（Deutsche Bank），确定股票价值的过程花了两个月的时间，既耗时又曲折。尽管亚马逊发展迅速，但它能否有长远的未来，仍是一个问题。尤其是巴诺书店开始注意到了亚马逊的崛起。事实上，巴诺书店帝国的强硬人物里吉奥（Riggio）兄弟（莱恩和史蒂夫）在亚马逊董事会成员汤姆·阿尔伯格（Tom Alberg）的陪同下，与贝佐斯会了一次面，地点选在西雅图的一家餐厅。里吉奥兄弟礼貌但强硬地表示，巴诺书店即将推出的在线书店将摧毁亚马逊，若不想这样的话，在一些领域谈谈合作也不是不可以。当时，一些专家分析师自信预测，亚马逊将会从"合作"走向毁灭，但贝佐斯拒绝了这些提议。他相信，自己这家小型、敏捷且创新的公司可以超越这些行动缓慢的巨头。事实证明他是对的。

JEFF
BEZOS

第三章
伟大时代

亚马逊于 1997 年 5 月 15 日首次公开募股，每股价格为 18 美元。虽然不算太多，但足够筹集到 5400 万美元的资金来推动亚马逊的运营了。同时，我们应当明白，虽然亚马逊销售额迅速增长，同时也接受了资本的注入，但它暂时还无法赢利。比如，1996 年，亚马逊的收入从 51.1 万美元增长到 1575 万美元，但它的亏损也不容小视，亏损金额从 30.3 万美元增长到 578 万美元。一旦赢利，贝佐斯就又把钱投回了公司。毕竟在这个阶段，保持增长才是关键，而不是在意利润。

展望未来

从贝佐斯每年写给股东的各种信件中，我们可以窥见贝佐斯的管理方法和策略。1997 年的那封信已经成为传奇，它仍然是贝佐斯帝国发展的蓝图，也成了其他雄心勃勃的初创公司追求商业发展的蓝图。信的开头几段概述了公司核心增长数据，并将其称为互联网的"第一天"。面对诸多机遇，贝佐斯表示，他将注视远方，脚步不停：

长期战略

我们相信衡量我们成功的基本标准就是我们长期创造的股东价值。股东价值是我们扩大巩固目前市场领导地位的直接结果。我们的市场领导地位越强，我们的经济模式就越强大。市场领导地位可以直接转化为更高的收入、更强的盈利能力、更快的资本流动速度，以及相应的投资资本回报。

我们所做的决定始终是围绕这一中心展开的。我们根据最能表明我们市场领导地位的指标来衡量自己的水平，比如，客户和收入增长，客户继续从我们这里回购的意愿，以及我们的品牌实力。我们已经投资并将继续积极投资，以扩大和利用我们的客户群、品牌和基础设施，从而建立持久的专营权。

某种程度上，这是互联网泡沫时代的经典表述。在那个时代，在线上与客户直接接触，似乎蕴含着无限的发展可能。一定程度上，正是这种观点导致了许多互联网公司过分乐观，似乎损失并不重要，重要的是保持雄心。但不要忘记，在贝佐斯模式中，"客户"一词出现的频率有多高。这封信下面的一个小标题是"重视客户"。这种对客户的绝对关注，以及将服务与最佳客户体验相匹配的不懈努力，过去是、现在仍然是亚马逊内部建立起来的稳定结构。在贝佐斯后来与潜在合作伙伴和投资者举行的一些重要商业会议上，他会略显夸张地在桌子周围留一把空椅子——这代表着客户的椅子，用来提醒在场的人，无论核心人物之间做出什么决定，最终这些决定都必须以客户价值为导向。

贝佐斯还在信中说道，由于我们强调长期发展，我们做出的决定和权衡利弊的方式可能与一些公司不同。他在一长串要点中阐明了这一思想，其中包括：

- 根据长期的市场领导地位，而不是短期的盈利能力，来思考做出投资决定。
- 在我们认为有足够可能获得市场领导优势的领域，我们将大胆勇敢地进行投资。
- 我们选择优先考虑增长，因为我们相信规模是实现我们商业模式潜力的核心。
- 我们将继续专注于招聘和留住有才能的员工，并将他们的薪酬与股票期权挂钩，而非与现金挂钩。

正如我们看到的那样，在21世纪初互联网泡沫破裂后，长期增长的核心问题得到修正以应对现金流和现实情况。坚定不移的长期扩张政策、坚定的客户中心导向，再加上贝佐斯和他的团队的不懈努力，这些是推动亚马逊取得难以想象规模的动力，使得公司在许多其他公司濒临绝境的大环境下或几乎被其他公司吞并的险境中存活下来。

亚马逊的首次公开募股只是未来 3 年融资努力的开始。其间贝佐斯和他的公司持续不断给投资者灌输公司理念，同时网络股票的环境热度只增不减。亚马逊通过发行债券和其他方式筹集了 22 亿美元的巨额资金。贝佐斯将这些钱直接投入公司运营，并为发展模式增添了关键元素——人（人才和普通员工）、分销设施、创新、额外的收入渠道和服务，以及收购其他公司。

其中，第一个要素就是吸引和招募新员工，这为贝佐斯的管理视角打开了另一扇窗。贝佐斯看重那些头脑聪明、渴望成功的高管员工，他们还能提供一系列技能和知识，有时还会超出传统行业高层所看重的技能和知识范围。因此，一个科学家或数学家——一个能从新的、极富洞察力的有利位置看问题的人——可能会被任命到一个通常由项目经理或在该领域有经验的人的位置。贝佐斯想要的是颠覆者和创新者，而不是墨守成规者。2017 年，在接受里根国防论坛（RNDF）采访时，贝佐斯概述了理想亚马逊员工的 3 个特征以及这些人的工作环境。贝佐斯解释说，他想要的是"传教士"型员工而不是"雇佣兵"型员工。他解释说，传教士是为了心中的理想而行事，而不是只在意利润。传教士关心的是布道本身。其实道理并不复杂，你可以用免费按摩来抚慰人心，"哦，我不太喜欢这里的工作，但我喜欢这里的免费按摩"。正如我们看到的那样，在运营管理中厉行节俭是贝佐斯的另一个原则，这一点在这里也有所体现。但与此同时，贝佐斯希望人们受到核心价值观的驱使，并具有实现目标的强烈愿望；一心只想着获得下一个商业利润的看钟人显然不具备这种人格特征。此外，贝佐斯认为商业环境本身应具备传教士般的热情工作的氛围："你有可能会失去优秀的员工，比如当决策速度过慢，就会带来这种风险。优秀的人怎么会留在一个效率过低、无法完成工作的公司里呢？过一段时间后他们会环顾四周然后说，'我喜欢这个工作，但我完不成工作任务，因为我们的决策速度太慢了'。所以像亚马逊这样的大公司尤其需要担心这一点。"

亚马逊执行层（实际上一直到仓库层）狂热的生活节奏多年来一直备受争议。当然，确实很少有人能够匹配贝佐斯个人的生活和工作节奏，但在公司里，贝佐斯重新规划了工作环境，将其打造成了一个具有雄心壮志的人可以脱颖而出的空间，他们的生活方式几乎没有限制。后来，贝佐斯在亚马逊建立了一个奖励机制，奖励那些试着通过自主创新提高亚马逊效率的人，哪怕这种努力最后是徒劳的也没关系。这似乎是贝佐斯追求的心态，如同技能一样重要。

亚马逊的员工队伍稳步扩大到数百人，招聘活动也异常火热。在高管层面，招聘的目标在于引进那些能够为"快速做大"的口号做出明确贡献的人。亚马逊从美国大型零售商沃尔玛挖来了大量高管，为了获得沃尔玛在产品加工和分销方面的规模经济的洞察力，以及处理客户和门店信息的策略。新招募的员工包括里克·达尔泽尔（Rick Dalzell），他是一位强硬且受尊敬的美国前陆军游骑兵，曾任沃尔玛信息系统部副总裁。他多次被贝佐斯和他的团队挖墙脚，最后离开沃尔玛，加入亚马逊公司担任首席信息官（CIO），主要负责开发亚马逊的计算机化销售和分销系统。达尔泽尔在亚马逊工作10年，自1997年至2007年担任亚马逊高级副总裁，2007年他从该公司退休。另一位沃尔玛前员工是吉米·赖特（Jimmy Wright），他曾是该公司的分销副总裁。亚马逊总共挖走了15名沃尔玛在职或离职的员工或顾问，甚至在1998年引发了沃尔玛对亚马逊的诉讼，声称亚马逊试图窃取沃尔玛的商业机密，还复制了其公司部分内部工作流程。该诉讼最终于2002年达成和解，主要对亚马逊有利；沃尔玛没有获得任何赔偿，亚马逊只是同意在公司内部重新任命一名核心人员，并限制其他 8 人的工作范围。

　　20 世纪末，沃尔玛的这些前员工只是亚马逊众多有才华、有干劲的员工中的一小部分。他们中既有曾在国内一些大公司担任过高级职务的人，也有年轻气盛的毕业生，他们几乎没有商业经验，但朝气蓬勃，思维活跃。然而，亚马逊的大门一直是敞开的，一些人的到来，意味着另一些人的离开，他们筋疲力尽也未能达到预期业绩，或者被新来的优秀高管排挤在外。其中之一就是谢尔·卡普汉，他在创造亚马逊传奇的过程中发挥了基础作用，但最终于 1999 年离职。

在亚马逊的艰苦工作间隙，也有一些时间可以放松娱乐——1999 年 8 月，贝佐斯和公司早期的"亚马逊人"（即公司员工）在一次野餐中玩扫帚球游戏

从过去到现在，贝佐斯项目模式的核心一直是聘用最优秀的人才。为了让员工们认同这一点，1999 年，贝佐斯推出了"抬杠者计划"（Bar Raiser Program）。它最初的重点是招聘优秀的新技术人员，包括在面试过程中引入一个客观的第三人，一个在招聘高绩效人才方面很有眼光的人。这个过程的意义在于，一个人可以通过招聘比自己和周围的人都优秀的人，来提高自己在公司的地位。事实上，"抬杠者计划"的规定是："每个被雇用的人都应该比目前类似职位的 50% 的人优秀。"

亚马逊的全面增长需要扩大设施，引进人员。亚马逊早期的一大难题是确保公司有足够的空间和执行体系来处理不断增加的订单。1999 年，该公司在美国各地建立新的配送中心就花费了约 3 亿美元。这些工厂在自动化订单处理和包装系统上投资巨大，但他们仍然非常依赖人力。在一些圣诞节前等高峰期，甚至高级管理人员也被派往仓库，以确保每个客户的订单都能在圣诞节前完成。员工需要睡在汽车和办公室里，取消与家人的圣诞假期，连夜加班。正如我们所说，对贝佐斯来说，占据亚马逊等级制度顶端位置的是客户，而不是生活舒适的高管们。

20 世纪 90 年代末，亚马逊开始向真正的"万能商店"进军，将业务扩展到图书之外。贝佐斯意识到，做一个书商的视野有限，他的团队的统计和财务分析也赞同这一点。与几年前相比，竞争越发激烈了。虽然遇到了一些威胁，不过都化解或控制住了。例如，巴诺书店在 1997 年推出了自己的在线商店 Barnes and Noble.com，但它无法赶上更灵活的竞争对手，后者通过在大书商的业务范围之外拓展产品线来吸引越来越多的客户。其他竞争服务引起了贝佐斯和亚马逊团队更大的担忧。1995 年，法国出生的科技企业家皮埃尔·奥米戴尔（Pierre Omidyar）推出了在线拍卖网站易贝（eBay），其业务发展轨迹与亚马逊一样曲折。该网站在 1996 年进行了 25 万次拍卖，其中仅在 1997 年 1 月就进行了 20 万次拍卖。到 2000 年，易贝拥有 1200 万注册用户。贝佐斯会感到不安也是正常的。从本质上讲，这是一个全新的、真正的"万能商店"（2000 年，易贝上每天有 450 万件库存商品出售），尽管它是通过个人拍卖进行售卖，这也减轻了易贝业务在仓储和分销方面的问题。

易贝多年来一直是亚马逊的竞争对手。事实上，1998 年，奥米戴尔曾应贝佐斯的邀请与他在西雅图会面。在会议过程中他们提出了几个想法，包括当客户在亚马逊网站上找不到特定商品时，亚马逊可以链接到易贝，以及贝佐斯本人可能会成为易贝的投资者。但这些讨论没有取得实际成果。奥米戴尔和他的团队认为，他们的电子商务的模式比亚马逊的更

强大，因为易贝没有庞大的基础设施需求，如仓库、库存和
配送设施等。

1995 年 7 月网站上线后，亚马逊发展势头迅猛。1997 年 10 月，贝佐
斯高高举起了亚马逊的第 100 万份客户订单

贝佐斯意识到，易贝将对亚马逊构成威胁，于是在 1999
年 3 月成立了亚马逊拍卖公司（Amazon Auctions），试图在
在线拍卖市场上分一杯羹。在 1999 年 4 月 8 日的哥伦比亚

1997 年 10 月，贝佐斯将他对客户服务的关注发挥到极致，亲手将第一百万份订单交给了亚马逊的客户

广播公司（CBS）采访中，贝佐斯表示："我认为还有很多操作空间。我们沿袭一贯的传统，即让事情简单化，越简单越好。于是，在拍卖领域，我们有了一键购物功能，现在我们还有'点击竞价'，使得竞价在拍卖中变得很容易。"两周后，亚马逊收购了在线拍卖先驱公司 LiveBid（苏富比洋酒拍卖的网上竞投服务），试图在拍卖领域获得进一步的发展。不过，亚马逊拍卖和 LiveBid 都注定会暂时失败——这个故事我们还会再讲到。

亚马逊拍卖公司的成立，只是贝佐斯在 20 世纪 90 年代末试图将亚马逊的业务扩展到更广泛的产品市场的一个标志：成为世界上最成功的在线书商虽好，但也是时候走出来了。1998 年至 1999 年，公司的扩张重点在音乐、数字视频光盘（DVD）、玩具和电子产品领域。事实证明，对贝佐斯和他的团队来说，前两个领域非常成功，产品的形式［小型镭射盘（CD）和 DVD 易于邮寄］和与分销商之间方便的联系使亚马逊的产品线顺利增加。但玩具和电子产品则完全不同。让亚马逊头疼的是它必须直接与制造商或主要零售商打交道，而不是只与主要分销商打交道就够了。这意味着亚马逊要与孩之宝（Hasbro）、索尼（Sony）和东芝（Toshiba）等市场上的大公司交流，这些公司自然专注于为自家的公司前途，而不是为亚马逊争取机会。由此产生的供应问题意味着亚马逊不得不四处抢购存货，包括使用二级分销商；甚至在 1999 年圣诞节前后，亚马逊高管不得不用他们自己的信用卡清空玩具反斗城的当地分店，疯狂地抢购流行品牌的玩具进行转售，以确保亚马逊的客户在节日前及时收到货物。

进军玩具和电子产品市场，体现了贝佐斯的远大目标。贝佐斯想在玩具领域投入 1.2 亿美元，他周围的许多领导团队都为此感到震惊。他储备了大量的玩具产品，以满足每个孩子的愿望，填满父母的口袋。这同样也让被任命为新玩具部门负责人的哈里森·米勒（Harrison Miller）感到震惊。但米勒没有玩具方面的经验，也没有什么零售方面的经验，他被录用更多的是因为他的态度和活力，而不是对这个行业经验丰富。玩具市场在其趋势、潮流和时机方面是出了名的难以预判，"高瞻远瞩"根本就是不切实际的设想。此外，这些玩具的采购方式意味着，一旦亚马逊购买了这些玩具，它们就会增加大量堆积库存的潜在风险。而事实也的确如此。1999年假日季结束后，亚马逊堆积了3900万美元的玩具未售出，不得不进行核销。1999年，亚马逊的整体销售额增长了95%，这意味着该公司有能力应对这样的打击，但亏损规模不断扩大，亚马逊仍然未实现赢利。

20世纪90年代末，贝佐斯的野心继续膨胀。他开始了贪婪的收购计划，数百万美元的销售额和投资流入亚马逊，他继续收购那些他认为可以让亚马逊进一步加强市场主导地位的公司，同时也扩大了亚马逊向公众提供的产品和服务。数亿美元用于收购IMDb、Bookpages、Telebuch、Exchange.com、PlanetAll和Alexa Internet等公司。仅1999年4月26日，亚马逊就宣布完成了6.45亿美元的股票交易。贝佐斯收购的公司似乎也在新的在线市场中顺应发展潮流，势不可挡。例如，Bookpages是英国最大的在线书商，有120万册图书可供客户选择，月增长率为28%。Exchange.com是一家在线市场零售商，经营两个网站：www.bibliofind.com（有900万册稀有图书）和www.musicfile.com（有300万册专业唱片和音乐纪念品），通过小型零售商、经销商和私人收藏家的网络销售。
Alexa Internet 是一家网络流量分析公司，拥有极强的洞察力，
能够根据客户需求更好地定制网络搜索和体验。该公司被亚
马逊以 2.5 亿美元的股票收购。1998 年，贝佐斯以 1.7 亿美元
的亚马逊股票收购了 Junglee.com，这是一家新兴而潜力无限
的在线比价网站。

每一笔新收购似乎都解锁了一块巨大且无限增长的拼
图。除了收购，贝佐斯还大量投资了一些他认为具有潜力
的公司，使他的投资组合多样化，包括 Gear.com、Pets.com、
Wineshopper.com、Homegrocer.com 和 Greenlight.com。

伴随着亚马逊资金和股票的大量流出，贝佐斯对亚马逊
的未来提出了更加宏伟的愿景。其中一些提议野心勃勃但没
有价值，以至于被亚马逊的高管们称为"狂热的梦想"。明
明公司仍在努力避免混乱，但他还是提出这些不靠谱的建议，
亚马逊的高管们常常为此感到震惊。例如，在"亚历山大项
目"（Alexandria Project）中，贝佐斯希望在亚马逊美国的两
个仓库中将有史以来的每本书都储存两份。另一个是贝佐斯
的"法戈项目"（Fargo Project），该计划的目标是将有史以来
生产的每一种产品都储存起来。天马行空的幻想与亚马逊高
管的抵制意味着，这些宏伟的愿景不会得到实现。不过，它
们确实说明了贝佐斯思维模式的一些老问题。首先，无论成

本如何，客户必须绝对优先——亚历山大计划和法戈计划就
是佐证，是贝佐斯试图保证所有客户总是能得到他们想要的
东西。其次，它显示了贝佐斯在思想上一直以扩大规模为导
向——即使预定的项目没有完成，也必须进一步扩大规模。

泡沫破裂

到了 1999 年，美国和世界已经完全注意到了杰夫·贝佐
斯。那一年，他被《时代》（*Time*）杂志评为年度人物，该杂
志的编辑认为他受之无愧，因为贝佐斯不仅改变了我们做事
的方式，还为未来铺平了道路。贝佐斯称这一荣誉是"令人
难以置信的荣幸"。然而，动荡的时代正在蠢蠢欲动，地平线
上乌云密布，不仅对亚马逊，对整个在线商界都是如此。

2000 年初，许多金融分析家开始质疑互联网泡沫的持续
性和规模。越来越多的互联网公司失败的例子证明，取之不
尽的电子商务增长实际上是一种海市蜃楼，它无法承受利润
和损失的重压。尽管亚马逊增长速度惊人，但现在也成为一
些人怀疑的目标。毕竟，尽管亚马逊在 1998 年达到了 80 亿
美元的销售额，但它目前仍未实现赢利。它内部高度混乱，
其仓库、库存、配送和数据管理都因销售额的急剧增长而达
到或超过其外部极限。一些分析专家预测，亚马逊的发展注

定要面临停滞，甚至可能崩溃。股价会开始回落，然后在该公司进入新千年的第一年时暴跌。

但贝佐斯不是会在压力下屈服的人，正如他在 2000 年向股东发出的严正警告中所体现的那样："对资本市场上的许多人来说，这是残酷的一年，对亚马逊的股东来说更是如此。在写这篇文章时，我们的股价比我去年写信时下跌了 80% 以上。然而，无论从哪个方面来看，亚马逊现在都比以往任何时候都处于更强大的地位。"亚马逊股价的急剧下跌与贝佐斯对亚马逊韧性的强烈信心之间的对比，再次证实了他从长远角度看待世界的方式。在致股东的信中，他引用了投资者本杰明·格雷厄姆的说法："短期内，股市是一台投票机；从长远来看，它是一台称重机。"并用它来解释亚马逊的现状："我们公司希望成为一家价值被称量的公司，随着时间的推移，我们的价值会被市场称量——从长期来看，所有公司都是这样。与此同时，我们要埋头苦干，努力打造一家越来越有分量和价值的公司。"他认为把收购购物篮装得满满当当就是互联网普遍的一种"抢地盘"行为，这种行为给人的感觉就是，一个人试图建立并夺取别人的领地，就像 18 世纪和 19 世纪向美国西部扩张的定居者试图占有尽可能多的土地，却不见得知道要用领土来做什么。

认识贝佐斯的人都知道，他的另一个明显特点是无论问题大小，他都能不屈不挠地面对。严重的事情会引起他的两种反应。贝佐斯很容易爆发愤怒，尤其是在面对无能或故作无知的人时——他需要他的团队在事实、数据和解释方面绝对处于领先地位，所以在他的会议上，那些毫无准备的高管就会大难临头。但他似乎也是某种越挫越勇的少数人之一，他要么把问题视为一种未来的胜利因素，要么把它们视为只有在战斗过程中才能发现的未来机遇。无论哪种方式，只要企业家有耐心和信心，一切都有助于发展进步。

但毫无疑问，1999 年和 2000 年对贝佐斯，甚至整个全球经济来说都是艰难的一年，因为互联网泡沫最终以戏剧性的方式破裂了。2000 年 3 月，著名的财经杂志《巴伦周刊》（*Barron's*）的封面标题预言道："燃烧；警告：互联网公司正快速耗尽现金。"此后不久，纳斯达克科技股综合指数开始急剧下跌，巴伦的预言在众多互联网公司中一一应验，该指数还将继续下跌。到 2002 年 10 月，纳斯达克 100 指数较峰值下跌了 78%。

亚马逊的运营也完全陷入了这种衰退之中，尤其是它掏出数亿美元进行投资，却毫无利润可言。贝佐斯的许多投资、收购或创新都以失败告终。2000 年 11 月，在首次公开募股 9 个月后，亚马逊持有 30% 股份的 Pets.com 破产。以 5500 万美元收购的 Bookpages 被清盘，因为从本质上讲，在与亚马逊

的竞争中，没有必要让它继续营业。一个源自 Junglee 的名为
"网上购物"的衍生功能很快也被放弃了，因为人们意识到，
亚马逊不希望客户离开亚马逊网站去其他地方（虽然 Junglee
后来确实帮助亚马逊打入了印度市场）。亚马逊拍卖在开发
一年后就停止了推广，并在不久后消失了。除此之外，还有
许多其他商业死结，比如，扩大仓库和配送设施的极端成本，
以及不断增加的员工数量。

　　亚马逊的广大员工也面临同样的危机，他们中的许多人
曾是自己公司乐观的股东，却眼睁睁看着自己的个人投资价
值暴跌。对一些人来说，后果更为严重——亚马逊大约 15%
的员工被解雇，其中包括位于荷兰海牙的一个国际呼叫中心
的 250 名员工。更令人担忧的是，一些市场数据似乎表明，
公众对网上购物的兴趣可能会下降，可能影响到人们投资互
联网公司股票和服务的信心。

　　亚马逊在悬崖边上摇摇欲坠，贝佐斯承受着巨大的压力，
不过其他人只会注意到他镇定、乐观的性格。贝佐斯最终相
信，有必要更严格地控制成本，并专注于向盈利公司的模式
转变。在此期间发生了重大变化：亚马逊的口号"快速做大"
替换为了明智的维多利亚式口号"让我们的公司井然有序"。
他引进了新经理人，希望公司拥有健康的财务状况。1999 年，
他任命了一位名叫乔·加利（Joe Galli）的铁腕高管，这是

一个非常重要的决定。加利曾是百得（Black & Decker）电动
工具公司全球电动工具及配件部门的总裁，他的企业家作风
（他最著名的语录是"借口是留给别人的"）和操作纪律被视
为对贝佐斯提供的更高远的领导力的一种平衡。在贝佐斯的
同意下，加利被任命为亚马逊的总裁兼首席执行官（CEO），
意味着他成为公司的负责人，这并不是亚马逊成功的领导模
式。实际上，不仅贝佐斯仍然掌握着公司的发展方向，而且
加利的管理风格也与其他许多高管发生了冲突，虽然他也为
公司引入了一些有价值的变化。最终，双方的紧张关系一触
即发，2000 年 7 月，加利离开了公司，他对贝佐斯说"我不
是一个好的二把手"。随后，贝佐斯再次执掌亚马逊。

亚马逊飞轮

　　鉴于 21 世纪初危机的严重程度，亚马逊能活下来就已经
很了不起了。何况，它不仅存活了下来，而且更加催生了未
来的伟业。亚马逊能在互联网泡沫破灭的另一边崛起，主要
原因在很大程度上是因为贝佐斯坚守"客户第一"原则，毕
竟当公司努力维持生存时很容易忽视这一原则。通常，这样
的公司会陷入死亡旋涡：削减成本，并在此过程中降低客户
体验，从而导致销售额进一步下降等。但亚马逊始终在创新，

因此，随着新千年的推进，它将加速发展，可能除了贝佐斯本人，很少有人能预测到其未来规模之大。

其中一些改进措施，看上去是对网络体验的细微调整，但实际上对销售产生了重大影响。早在 1998 年 6 月，亚马逊推出了销售排名（ASR）功能，对所有图书和音乐的销售进行排名，这是对畅销书列表的巨大延伸。销售排名有两个效果。首先，消费者可以看到某本书相对于其他书的受欢迎程度，这会影响他们的购买行为；一本书的销量排名越高，它就会越受欢迎，从而形成销售的良性循环。此外，作者、艺术家和出版商也接受了排名的竞争性质，因此有动力在宣传上投入额外的精力，以提高图书的排名。当然，又有人指责一些出版商从亚马逊购买自己的书，并留下好评，以获得更高的销售排名。一年后，又诞生了一项开创性的技术改进。1999 年 9 月，美国专利商标局（USPTO）向亚马逊颁发了"一键式"的专利 US5960411。该系统由亚马逊工程师佩里·哈特曼（Peri Hartman）开发，客户可以将关键的支付和送货信息直接存储在他们的个性化亚马逊账户中，当他们想购买一件商品时，他们可以点击"一键式"或"一键通"按钮，立即付款和完成订单。它让购买体验变得迅捷，还在屏幕上提供了一个靶心，对那些努力克服购买障碍或冲动购买的顾客来说十分友好。一键式下单显然是一个巨大的成功，

事实证明，巴诺书店也试图在自己的网站上尝试提供"快速通道"服务，但这一举动在年底亚马逊起诉专利侵权时被法庭禁止。❶

　　贝佐斯为确保公司始终以客户为中心，采取了与定价有关的其他措施。贝佐斯是深度折扣的忠实信徒。2000 年 7 月，J.K. 罗琳的《哈利·波特与火焰杯》（*Harry Potter and the Goblet of Fire*）出版，引发极大关注。这部小说是"哈利·波特"系列的第四部，数以百万计的读者期待着它的到来，就像一场文学的狂欢。亚马逊抓住了这一机会，为读者提供图书价格 40% 的慷慨折扣，并在此基础上增加了快递服务，价格与普通快递相同，这意味着提前订购的读者将在书出版的当天收到书。为了完成这个重 1.2 千克、752 页的书的订单，亚马逊寻求联邦快递宅急送（FedEx Home Delivery）和联邦快递（FedEx Express）的帮助，交付首批 25 万份订单，共有 9000 名联邦快递员参与了这项工作。截至 7 月 8 日周六深夜 12 点 01 分，亚马逊网站上的这本书已被订购了 350020 册，而贝佐斯在每份订单上都亏了钱。虽然这让那些渴望亚马逊赢利的人感到沮丧，但贝佐斯明白，提供这项服务会让亚马

---

❶ 该案件最终在 2002 年得到解决。

逊的品牌在成千上万的人心中根深蒂固，收到这本书会让他们兴奋不已，这从而能够为公司带来更广泛的宣传。

在轰轰烈烈的"哈利·波特报价事件"几个月后，亚马逊的"S团队"举行了一次会议，该团队由公司内部负责创新和改进的高级领导人组成。❶ 在这次会议上，贝佐斯和他的高管们为开展一项新服务项目打下了坚实的根基，这个项目点燃了亚马逊动态增长的导火线。它被称为亚马逊市场（Amazon Marketplace）。他们提出的概念很简单，但极大地改变了商业模式。在亚马逊市场上，第三方卖家可以直接与亚马逊自己的产品线一起销售新的或二手产品，而不是孤立地放在一个单独的区域。因此，搜索特定产品的客户将看到第三方选项与亚马逊的库存同时显示，并且可以选择他们想从谁那里购买。亚马逊市场还为亚马逊带来一个优势，它可以从每笔第三方销售中收取佣金，另外，如果它自己没有库存，客户仍然可以通过亚马逊购买该商品。不过亚马逊的一些高管并不完全认同，他们认为，由于客户可以直接从外部商家购买，亚马逊仓库清空库存的压力将受到影响。

---

❶ 最初它被称为J队，但后来更名为S队，"S"代表"高级"。最初，S团队由技术主管、人力资源主管、法务主管、运营主管和零售主管组成。

但对贝佐斯来说，亚马逊市场的关键在于让客户满意，让他们更愿意把亚马逊作为在线购物的唯一选项。贝佐斯的重要原则"营销飞轮"此时发挥了作用，这个原则是从著名商业顾问吉姆·柯林斯（Jim Collins）的《从优秀到卓越》（Good to Great）一书中借取并提炼出来的，对于理解贝佐斯极端的客户观背后的原理至关重要。在工程上，飞轮本质上是一种机械电池，一种绕轴旋转的重型轮式结构，随着速度加快，动能也开始储存。关键是飞轮很难从静止状态启动，但它运行得越快，积累的能量就越多。将这一原则应用到市场和电子商务领域时，具体表现为改善客户体验，从而增加网站的客户流量。流量的增加会吸引越来越多的第三方卖家，他们自然希望利用不断扩大的客户数据库。第三方卖家的增加扩大了网站上的产品选择范围，扩大了竞争，也为客户带来了更低的价格。更低的价格意味着更好的客户体验，循环就此开始。

亚马逊市场刚推出时就受到了不少负面批评，尤其是来自图书出版商的批评，他们担心亚马逊的在线销售二手书功能会影响到出版商的利润和作者的版税。但从亚马逊的角度来看，尽管遭到了内部一些高管的抵制，这项新服务还是很快证明了它的价值。在上线后的 4 个月内，亚马逊市场的销售额增长了 200%，有 25 万名客户至少在该服务上购买过一次商品。在 2001 年 3 月的一份新闻稿中，贝佐斯说道：

> 亚马逊市场的成功只有一个理由：它为客户创造
> 了真正的价值。消费者总是渴望购买二手、稀有同时
> 又具有收藏价值的商品。我们才刚刚开始了解亚马逊
> 市场如何引导这种需求，使客户、制造商、出版商、
> 艺术家乃至整个行业受益。我们相信，这种模式将继
> 续发展，并有潜力长期推动商品类别增长。

就最后一句话来说，他是完全正确的。展望未来，2016
年，亚马逊市场上的约 1 万名卖家创造了总计超过 10 亿美元
的在线销售额。人们对该网站的抢驻完全证实了飞轮原理的
正确性——仅 2017 年就有超过 1029528 名新卖家加入，而今
天这个数字超过了 200 万。我们还应该看到，贝佐斯在将外
来的卖家引入亚马逊平台时发现了另一个优势——亚马逊可
以从第三方销售中建立数据档案，监测哪些产品卖得特别好，
哪些产品的需求似乎在增加。这意味着亚马逊的竞争对手将
他们的销售和营销数据暴露出来，供亚马逊利用，而且往往
在卖家加入市场后的几个月内，高销量的第三方产品系列就
会出现在亚马逊自己的库存中。对贝佐斯来说，没有什么比
客户和亚马逊之间的联系更重要的了。

21 世纪头几年中，亚马逊的另一项创新项目加快了他们逃离互联网泡沫破裂危机的速度。2001 年春天，贝佐斯与美国零售业最成功的公司之一开市客（Costco）的联合创始人兼前首席执行官吉姆·西内格（Jim Sinegal）进行了一次激动人心的会面。在会议中，西内格向这位细心的企业家解释了开市客是如何通过顾客对最低价格的期望来设定定价模式的，以及它对营销模式的关注。贝佐斯将这一原则带回了他的 S团队，并决定让亚马逊成为低价的首选网站，产品比客户在其他地方能买到的更便宜（亚马逊的定价算法也就此改变，以跟踪匹配或击败竞争对手卖家的价格）。因此，2001 年 7月，亚马逊网站图书、音乐和视频方面的商品价格就下降了20% 至 30%。

对于一些希望亚马逊实现赢利的亚马逊高管来说，下调价格是一件令人不安的事情。但是，随着亚马逊在 2001 年第四季度首次实现赢利，尽管利润很小（每股 1 美分），消费者体验的改善开始显现出来。这明显表明，一些金融末日预言者的预言不会应验在亚马逊身上。更重要的是，亚马逊在 1994 年才扎根，现在它是世界上最大的在线零售商之一。贝佐斯通过始终不断地关注客户，以及对创新、改进和扩张的不懈追求，带领公司发展到了今天的规模。即使在这段时间有过许多次失败的投资和收购，贝佐斯也总是能从失败中爬起来，汲取经验和智慧，重整旗鼓。例如，亚历山大项目就为电子书和亚马逊 Kindle 的发展提供极大的帮助（将在下一章中进行介绍）。通过 Junglee，贝佐斯有幸结识了两位年轻而有抱负的博士生——拉里·佩奇（Larry Page）和谢尔盖·布林（Sergey Brin）。他们在 1998 年推出了一种名为"谷歌"的新型网络搜索服务。贝佐斯对这家创业公司印象深刻，以每股 4 美分的价格向这家初创公司投资了 25 万美元。贝佐斯投资的过程尚不明确，但在 2004 年谷歌的首次公开募股时，据报道贝佐斯持有 330 万股。有趣的是，2009 年的媒体报道称，贝佐斯不再持有谷歌的股票，而当时它的价值将达到 19 亿美元。但正如我们将在下一章看到的，谷歌的崛起表明，亚马逊进入新千年后，绝不可以骄傲自大。

JEFF BEZOS

第四章
发展模式

21 世纪初，亚马逊在发展和创新方面取得了巨大的成功。但它的未来并没有止步于此。亚马逊确实挺过了互联网危机，但生存和求稳并不是贝佐斯模式的一部分。他仍然在追求动态的、指数级的发展。随着发展速度加快，成本和机会都随之而来。贝佐斯和亚马逊面临的重大挑战是确保工作效率能够跟上业务扩张的步伐。在 21 世纪初，贝佐斯创建的公司规模庞大，在许多方面的管理略显混乱。公司主张在工序和产品线方面进行零散发展，而且采取了各种不完善的应急措施和本地化适应性改革以维持公司正常运行。为了使亚马逊持续做大做强，必须找出、管理并最终解决公司内部潜在的各种问题。

内部改革

因为本书主要侧重贝佐斯本人的生活和成就，所以在一定程度上，不可避免地忽略了许多在他实现梦想的道路上不可或缺的那些人。但有些人需要特别提一下，杰夫·威尔克（Jeff Wilke）就是其中之一。威尔克也是普林斯顿人，1989 年获得了化学工程学士学位（最高荣誉），之后他在聚合物、化学和电子行业工作了多年，担任过各种高要求的运营和管理职位，一直到董事会级别。1999 年，威尔克担任联合信号公司的副总裁兼总经理，但亚马逊的招聘人员斯科特·皮塔斯基（Scott Pitasky）找到了他，成功地将他纳入亚马逊的麾下。

威尔克的新工作是监督亚马逊目前紧张的物流和分销基础设施的转型。威尔克和贝佐斯的作风简直如出一辙。作为一个天生的创新者，他雇用了一个新的团队来处理工作——像贝佐斯一样，他没有选择老套的方式，招聘物流人员，而是把科学家、数学家和编码员请来了。威尔克和他的团队一起着手重新打造物流系统。

新公司的口号是"让我们的公司井然有序"，重点是提高流程和管理的效率。威尔克一度关闭了一个位于麦克多诺（McDonough）的陷入困境的运营中心，导致 450 名员工被辞退；威尔克向斯通解释说，在运营中心，很难找到合适的领导或足够的工作人员。与此同时，公司的管理层也进行了一些筛选，使公司机构更精简，更显改革的创新性。那些最有可能被炒鱿鱼的是：被认为表现不佳或缺乏责任心的人（即没有表现出夜以继日工作的能力），以及缺乏核心技术能力的普通项目经理。为了提升效率，贝佐斯亲自来到运营中心，他在那里检阅了工厂，对每个角落、机器、流程和想法进行了实践调查。任何引起他注意或不满的东西或人都会受到严格的质疑，随后会对流程或人员进行改进。

威尔克和贝佐斯合作得很好，改革的努力开始稳步取得成果。他们解决的一个关键问题是减少执行过程中的停机时间。"分批处理"的工作方法一直是一个令人头疼的问题。当订单进入运营中心时，它们会被分发给员工"拣货员"，同步一波一波地被派往仓库各处寻找和挑选商品。挑选出来的物品将被放入称为"手提箱"的推车中，之后，手提箱将被送到传送带上，传送带上有一台分拣机，而分拣机又将产品组织到各个客户订单中，以便随后进行包装和运输。其中最大的问题是，在分批过程中，每个人都必须在分拣过程开始之前完成收集，这意味着在等待这一拨中最慢的人完成任务时，会有很多停工时间。整个过程是一个走走停停的过程。

贝佐斯与威尔克及其团队找到了解决问题的方法，他们重新设计了管理配送过程的算法，在内部编写代码，从而使亚马逊摆脱对第三方软件系统的依赖。这种独立于外部供应商和提供者的做法是贝佐斯管理方向的另一个标志。与第三方的合作可能是有益的，但总体来说，贝佐斯不喜欢任何带有限制性依赖意味的东西——自主操作和独立解决问题的自由使亚马逊比许多现在和未来的竞争对手实现了更快的创新速度。几年后，在 2012 年致股东的一封信中，贝佐斯掌握了一些智力引擎的信息，而这些智力引擎至今仍在推动着亚马逊持续保持领先地位。

以客户为中心的理念有一个微妙的优势，就是它有助于提高工作主动性。当我们处于最佳状态时，我们不会等待外部压力鞭策前进。我们在内部驱动下改进我们的服务，尽可能多地增加价值和特色。我们会在不得已之前降低价格，为客户增加价值。我们在迫不得已之前进行发明创造。这些投资是出于对客户的关注，而不是竞争下的产物。我们认为这种方法赢得了客户更多的信任，并推动客户体验的快速改善，即使在那些我们已经处于领先地位的领域亦是如此。

成功的市场领导者不是摆在柜子里的奖杯，一成不变，停滞不前。对贝佐斯来说，站在行业前列并不是靠盲目自信，而是凭借对创新和发明的执着，坚持以客户为中心的理念。

这些措施使亚马逊更精简、更高效，但同时也引起了一些争议。在公司成立约 16 年后，亚马逊和贝佐斯以努力地推动员工和流程而闻名，同时尽力做到把钱用在刀刃上，不浪费一分钱。例如，亚马逊的高级管理人员往往不允许乘坐商务舱，而这是大多数其他大型企业管理人员的标准福利。（贝佐斯自己使用私人飞机飞往美国各地参加许多会议，但他提醒陪同他的人，飞机的费用是他个人支付的，而不是亚马逊支付的。）公司要求所有的经理必须努力工作，而且经常占用员工晚上和周末时间，因此，对大多数亚马逊的工作人员来说，"实现工作与生活的平衡"只是白日说梦。

在高级管理层之外，一些季节性仓库工人也同样感到不安。为了在运营中心追求最高的工作效率，拣货员和其他工作人员的工作被严格地按照时间和表现进行跟踪。一个记分系统被用来记录员工的违规行为，这个系统至今仍在使用（至少在撰写本书时）。员工每次违反规定都会被扣分，比如迟到、请了太多次病假或根本不上班。如果员工在 90 天内被扣 6 分，那么就可能会被解雇，除非被从轻处理。媒体报道称，对员工的严格监控打击了员工的士气，在一些地方，恶劣的工作条件进一步打击了他们的工作积极性——有报道称，员工在夏天中暑昏倒，或者在深冬穿着类似北极款笨重的制服进行工作。

贝佐斯与员工的关系无疑是他的管理方式中备受争议的一点。从他对客户体验的承诺来看，许多媒体的指责似乎更多的是他的不作为——贝佐斯只是为了客户的利益而寻求系统优化措施，并始终遵循这一逻辑。但贝佐斯不得不面临阻力，一些地区的不满（尽管这远非普遍现象）导致美国主要工会组织了零星的亚马逊工人工会运动，公开表达他们的不满，包括工作条件和薪酬等。2000 年，美国通信工人联合会和美国食品与商业工人联合会首次尝试成立亚马逊员工工会，但都以失败告终。2001 年，华盛顿技术工人联盟声称，在西雅图成立工会后，850 名员工就立马被亚马逊内定为裁员目标，但亚马逊层面断然否认这两件事之间有任何联系。

2010 年还发生了更多的劳资纠纷，包括 2014 年在特拉华州和 2016 年在弗吉尼亚州切斯特发生的重大纠纷，但一次最大最麻烦的纠纷是 2020 年在亚拉巴马州贝塞默的运营中心发生的纠纷。零售、批发和百货商店工会（RWDSU）向美国国家劳动关系委员会（NLRB）提交了运营中心工人大规模工会化的申请。这导致了一场激烈而漫长的法律战，亚马逊多次受到严厉的反工会策略的指控。由于政治力量介入，贝佐斯和他的公司面临的压力更大了，一些美国众议员和参议员支持工会事业的总体目标；随着案件持续到 2021 年，就连新上任的总统乔·拜登（Joe Biden）也站在了工人运动一边。最终，2021 年 3 月 29 日举行了员工投票，一周后计票时，反对工会化的投票以 1798 票对 738 票取得压倒性胜利。但争议并没有完全结束，因为随后的美国国家劳动关系委员会报告得出结论，"自由和公平的选举是不可能的"，并指出"雇主的不当行为可能影响了这 2000 名合格选民中的一些人（他们没有投票）"。

　　虽然贝塞默的纠纷是亚马逊和员工之间的纠纷，而不是贝佐斯本人的纠纷，但这位亚马逊的领导者自然也受到了一些媒体的严厉批评，他们指责他将利润远远置于工人的权利和条件之上。然而，在另一封致股东的信中，贝佐斯也进行了反思。

　　　　我们与员工的关系非同寻常。我们有他们需要遵循的流程和标准。我们需要员工接受培训，获取各种证书。员工必须在指定的时间到岗。我们与员工的互动很多，而且事无巨细。这不仅是工资和福利的问题。这也涉及员工关系的所有其他细节方面。

　　　　你们的主席是否对最近贝塞默工会投票的结果感到欣慰？不，他没有。我认为我们需要为我们的员工做得更好。虽然投票结果是不客观的，而且我们与员工的直接关系很牢固，但我很清楚，我们需要一个更好的规划，即如何为员工创造价值，实现成功。

　　　　如果你曾读过一些新闻报道，你可能会认为我们不关心员工。在这些报告中，我们的员工有时被称为绝望的灵魂，被视为机器人。事实并不是这样的。他们是成熟而有思想的人，可以选择在哪里工作。当我们调查运营中心的员工时，94% 的人表示他们会向朋友推荐亚马逊作为工作场所。

从这篇文章的语气中可以明显看出，这些指控深深地刺痛了贝佐斯，他强烈反对亚马逊是一个冷酷无情的公司的说法。在其他文件中，亚马逊提到了员工工伤率低于普通水平等数据，表明它并没有对员工的工作条件不管不顾。贝佐斯的公司运营模式为美国和其他国家创造了数万个工作岗位，而且往往是在非常需要工作机会的地方。

基本理念

就在互联网泡沫破裂的涟漪开始消退之际，贝佐斯又一次重整旗鼓，带来了一波新的创新和扩张措施。随着亚马逊的发展，它也获得了更多的采购和谈判的机会，创造了一个成本低廉和利润扩大的良性循环，极大促进了公司的贸易。例如，2002 年，亚马逊决定与其最大的快递供应商联合包裹服务公司（UPS）重新谈判运费。当时，联合包裹在美国的影响力无可匹敌，因此它拒绝了亚马逊的折扣要求，认为亚马逊没有谈判的余地，只能保持联合包裹的固定价格。亚马逊立即威胁联合包裹，如果他们不打折，亚马逊将把数百万个包裹交给联邦快递。尽管当时联邦快递不太可能像联合包裹那样有处理大批量包裹的能力，但这种威胁还是奏效了。联合包裹和亚马逊针锋相对，等待对方让步，但最终，联合包裹的高管们还是意识到亚马逊真的会将威胁付诸实施。亚马逊因此获得了优惠的运费。

2004年，亚马逊开始通过其网站销售珠宝，希望凭借低价能在这个利润丰厚的行业中分得一杯羹。这次尝试并不完全成功。虽然它确实盈利了，并为成千上万的小珠宝制造商提供了一个展示商品的橱窗，但当涉及订婚戒指等个性化价值很高的高价商品时，消费者似乎仍然看重走进实体店试用商品的体验，以及获得作为顾客应得的尊重，而这些是网上商店无法给予的。

但是，就在亚马逊推出珠宝交易的同一年，该公司迎来了其历史上最成功的创新之一：推出亚马逊 Prime。Prime 的想法并非起源于高管阶层。事实上，贝佐斯发起了一个名为"创意工具"（Idea Tool）的项目，实际上就是现代版的员工意见箱。虽然贝佐斯肯定是一个自主意识很强的人，但他也会为别人的好创意感到兴奋。2004年，一位名叫查理·沃德（Charlie Ward）的工程师提出了一个想法。与亚马逊的"超级储蓄"（Super Saver）配送模式不同，沃德概述了一种截然不同的模式，即顾客在订购超过 25 英镑的合格商品时，可以选择免费送货。在这种模式下，顾客将支付固定的月费，为他们订购的几乎所有物品提供永久的加急送货服务。贝佐斯一向热衷于以客户为导向的理念，他立刻对这个建议产生了兴趣，并将其交给 S 团队操作，最终获得批准，但也引起了部分争议。有许多人认为，这项新的服务实际上也是一笔成本，而没有什么利润。尽管如此，贝佐斯准备推行这项服务。

这项新服务被称为"亚马逊 Prime"。该服务的年度订阅价格为 79 美元，定价这个数字是因为它够高，给人以高级、专属会员的印象，但又够低，不会给人们造成财务负担。贝佐斯后来承认，最初 Prime 对公司来说非常昂贵。他把 Prime 比喻为推出自助餐，最初来的顾客是那些把盘子装得满满的人。但排在后面的是那些胃口一般的人，一旦他们成为主流顾客，那么自助餐就会开始赚钱了。Prime 的情况确实如此。从 2011 年左右开始，它就站稳了脚跟，取得了巨大的成功。到 2022 年 1 月，亚马逊在全球 24 个国家拥有超过 2 亿名付费 Prime 会员。据分析人士称，到 2013 年，该服务在美国有 2500 万付费会员，到 2017 年达到 9990 万，到 2020 年达到了 1.425 亿。到 2020 年，仅 Prime 订阅费用一项就带来了 252.1 亿美元的年收入。此外，Prime 已经成为亚马逊强大的流媒体电影和电视领域创造收入的利器，Prime 会员会自动获得亚马逊 Prime 视频的访问权。

亚马逊 Prime 是 20 世纪头十年中期亚马逊推出的最引人注目的服务之一，在此期间也有许多其他创新项目。例如，在 2006 年，亚马逊推出了亚马逊服务项目，第三方供应商可以在亚马逊运营中心中储存他们的货物，并通过亚马逊的内部执行流程直接发货。这让亚马逊对第三方卖家市场产生了更广泛的吸引力，使他们摆脱了将产品堆放在仓库里的繁重而昂贵的业务。

因此，21 世纪初的几年表明，无论成本或外界因素如何，亚马逊正在恢复势头，这显示出贝佐斯的创新和再造能力。但与此同时，亚马逊及其特立独行的领导者都遇到了一些波折。贝佐斯在 20 世纪头十年经历的事业的动荡，或许和 2003 年 3 月 6 日发生在贝佐斯身上的一件事之间存在着某种隐喻性的关联。当天上午 10 点，贝佐斯乘坐直升机从得克萨斯州西部的大教堂山基地起飞，飞行员——一个名叫"骗子"的粗犷人物，带着贝佐斯和其他两名乘客［贝佐斯的律师伊丽莎白·科雷尔（Elizabeth Korrell）和一个名叫泰·霍兰德（Ty Holland）的牛仔导游］飞越得克萨斯沙漠进行观光旅行。他是一名经验丰富的飞行员，在大教堂山停留期间，他很担心上升的风、稀薄的高温高空空气以及小型直升机上乘客的重量这些因素会影响飞行，于是告诉乘客他们需要尽快起飞。然而，直升机升到空中时就遇到了麻烦，旋转的热风把直升机吹得像玩具一样在空中乱飞。显然，飞机要坠落了。

直升机重重地砸向地面，其中一个滑板撞向地面，直升机翻转过来，旋翼叶片瞬间粉碎。在翻转过程中，乘客们在机舱内被抛来抛去，直升机最终淹没在一条被恰如其分地称为"灾难"的浅河中。最为危险的时刻莫过于科雷尔被困在水下，被贝佐斯压在下面，他们看到她的手在疯狂地晃动求救。贝佐斯迅速移动，他们设法解开了她的安全带，让她呼吸到新鲜空气。她的脊椎骨折了。不过，其他人从坠机现场逃脱时，除了轻微的割伤和一些严重的擦伤，没有其他任何损伤。

高处不胜寒

1998 年，斯坦福大学学生拉里·佩奇和谢尔盖·布林创立了谷歌。在 20 世纪头十年，他们的互联网搜索的新方法，成了世界上最有名的科技故事。随着数百万美元的融资和 2000 年 10 月推出的谷歌关键字广告（AdWords）服务收入的急剧增长，该公司的发展势不可当。2001 年 8 月，曾任软件网威公司（Novell）首席执行官和太阳微系统公司（Sun

Microsystems）副总裁的埃里克·施密特（Eric Schmidt）成为新的公司董事长。谷歌邮箱于 2004 年 4 月问世，这是后来日益强大的、基于网络的生产力的软件套件中的第一个应用软件，在次年 8 月谷歌的首次公开募股中，该公司的估值为 230 亿美元。

贝佐斯很快就感受到了谷歌的崛起。谷歌为客户提供了一个新的强大的门户，它可以搜索任何东西，当然也包括产品。此外，这家年轻的新公司为员工提供了一系列在贝佐斯公司享受不到的福利待遇。谷歌的工作环境充满乐趣和包容性，很快就有一些超负荷工作的亚马逊高管，其中包括一些位于亚马逊顶部的高管，跳槽到了谷歌。市场形势发生的变化，加上谷歌的飙升，亚马逊的股价再次受到影响，一些专家开始质疑亚马逊的商业模式和贝佐斯的领导力。

然而，对于贝佐斯来说，谷歌的崛起似乎只是证实了他一直以来的认知——执着和持续的创新是在以技术为中心的行业中生存和发展的唯一可靠方法。为了让亚马逊成为互联网搜索领域的竞争对手，他试验过几次，但都没有获得足够的吸引力，成为改变游戏规则的人。亚马逊需要找到一个具有同样巨大扩展潜力的、新的利基市场。贝佐斯似乎从来没有单纯地想成为一家大型在线零售商。亚马逊必须远远超过这个目标，而且很快它就会做到这一点。

　　在这个过程中亚马逊遇到了不少阻力。在 2004 年至 2005 年间，亚马逊突然面临来自玩具反斗城的诉讼。它声称亚马逊违反了协议，亚马逊要给予玩具反斗城独家经营权，在亚马逊网站上销售所有玩具，即使是玩具反斗城不销售的产品也一样。换句话说，该协议禁止除他们之外的任何人在亚马逊商店销售玩具，即使是玩具反斗城自己不销售的玩具也不行。2005 年 9 月，这场诉讼在新泽西州高等法院开庭，贝佐斯本人不得不站在证人席上接受了为期两天的密切质询。最终，亚马逊被迫支付了 5100 万美元了结此案。

　　很多人认为，21 世纪头 10 年的中期对亚马逊来说并不算特别轻松。面对谷歌的崛起，贝佐斯一直在努力将亚马逊从零售业务拓展到数字服务领域。但结果是，这家公司承受着越来越大的压力，这些压力来自警觉且没有耐心的老板，以及贝佐斯为了完成工作而雇用的人，其中一些人和贝佐斯本人一样，让员工感到畏惧。公司内部的激烈竞争导致越来越多不满的人离职，其中包括亚马逊最资深和最有经验的一批人。公司最大的损失便是杰夫·霍尔登（Jeff Holden）和乌迪·曼伯（Udi Manber）的离开，其中杰夫·霍尔登在 1997 年至 2006 年期间担任亚马逊高级副总裁，乌迪·曼伯于 2002 年加入亚马逊，担任首席算法官，后来晋升为 A9.com 搜索子公司的高级副总裁和首席执行官。曼伯的下一个职位在贝

佐斯的伤口上撒了一把盐——2006 年，他被谷歌聘为工程副
总裁。

　　亚马逊于 2003 年成立了自己的网络搜索子公司 A9.com，
该公司于 2004 年 4 月 14 日首次公开露面，并于次年 9 月正
式推出。它的功能显著，包括谷歌提供的网络和图片搜索服
务、具备亚马逊"书中搜索"功能的图书文本、IMDb 的电影
信息以及 GuruNet.com 提供的参考文献等信息（百科全书、字
典等）。贝佐斯对 A9.com 充满信心："A9.com 为人们提供了令
人难以置信的力量，它能够从多样化和全面的数据源中发现
信息，并有效和轻松地管理这些信息。搜索领域正在以如此
快的速度发展，我们必须继续努力构建创新技术，提供良好
的用户体验。"然而，不管时间如何流逝，A9.com 也不会对
谷歌构成严重挑战，谷歌也是一家以不断创新而闻名的公司，
并以"不作恶"为公司信条。A9.com 在经历了进行了多次功
能更新之后，最终于 2019 年正式关闭。

　　但到那时，亚马逊增加了一个与以往完全不同的数字收
入平台。到 2021 年，这一平台为该公司创造了惊人的 620 亿
美元收入，并使其成为全球互联网业务的核心。它被称为亚
马逊网络服务（AWS）。

亚马逊网络服务革命

AWS诞生于冲突和协商中。2000年左右,亚马逊内部数据系统管理产生了冲突。由于公司增长迅速,该系统变得过于复杂,内部也变得紧张。精简这些系统的做法主要集中于创建所谓的"共享信息技术平台"而不是孤立的系统,这样工程师就可以把更多的时间花在以利润为导向、以客户为中心的任务上,而不仅是维护基础设施。2002年,贝佐斯与计算机图书出版企业家蒂姆·奥莱利(Tim O'Reilly)进行了一次会面,最终取得了成功。根据布拉德·斯通的研究(基于奥莱利本人的文章),在会议期间,奥莱利向贝佐斯建议,鉴于亚马逊对第三方卖家的强大市场机会和其不断膨胀的数据库,它应该开发一种名为应用程序界面(API)的工具,"允许第三方轻松获取有关其价格、产品和销售排名的数据"。对于贝佐斯来说,这使第三方更好地将其产品和服务投入亚马逊数字基础设施中,甚至直接在亚马逊商店上运行服务。他把这个想法带回到他的团队,看看它是否能带来巨大的商机。

API通常被比喻成餐馆服务员。作为客户(互联网用户),你需要将你点的菜的信息从餐桌上传达到厨房(有你需要的信息的计算机服务器/网站)。服务员本质上是应用程序界面,能够将信息传输到厨房并返回给你,确保你确切地得到你所点的东西。应用程序界面现在已经融入我们的日常网络体验中。它们有助于进行银行支付、网站比价、在线订购、机票预订，将我们的手机连接到互联网，使我们能够访问地图、媒体和新闻；此外，这还意味着我们可以将文件保存到云端的目录中；它们还提供社交媒体插件和其他动态内容。实际上，我们今天在互联网上所做的事情，几乎都要通过应用程序界面来实现。早在 2002 年，它们还处于起步阶段。2000年 2 月 7 日，Salesforce.com 推出了第一个应用程序编程接口（Web API），大约 9 个月后，eBay 推出了自己的应用程序界面。但这仍然是一个有待探索的领域。到 2003 年，亚马逊已经建立了自己的一系列信息齐全的应用程序界面。

早在 20 世纪 90 年代末，亚马逊就已经有了通过网上商店（zShops）平台向第三方提供网络空间服务的经验，这使得第三方零售商能够在亚马逊网站上建立自己的网络商店。2003 年，贝佐斯在家中召开了一次高管静修会，见证了一个里程碑式的时刻。这次会议提出了亚马逊向全世界提供其数字基础设施的规模和能力的可能性，这些企业可以使用亚马逊的在线存储、计算能力和访问数据库服务，不必花费精力和费用安装和维护自己的系统。安迪·雅西（Andy Jassy），后来的 AWS 掌舵人（2021 年，他取代贝佐斯成为亚马逊首席执行官）在之后说，"如果存在正确的服务选择，公司将在基础设施服务的基础上从头开始构建应用程序。那么操作系统就变成了互联网，这与过去 30 年的情况完全不同。"

实际上，AWS 在 2003 年的会议之前就已经诞生了。2002年 7 月，亚马逊发布了一套新的应用程序界面，使开发人员能够在亚马逊的基础上构建他们自己的应用程序，比如，在他们自己的网站中集成亚马逊的目录搜索和支付系统。但在 2003 年之后，AWS 开始难以置信地攀升。后来，AWS 推出了一系列强大的产品，包括 2006 年 3 月推出的 Amazon S3云存储（当时已有超过 15 万开发人员注册使用 AWS）和次年 8 月推出的亚马逊弹性计算云（EC2），该云存储服务允许用户租用虚拟计算机，在其上运行自己的服务。其他服务的名称对技术世界之外的人来说基本上闻所未闻：如亚马逊土耳其机器人（Amazon Mechanical Turk）、亚马逊简单数据库（Amazon SimpleDB）、亚马逊云监控（Amazon CloudWatch）、亚马逊弹性块存储（Amazon Elastic Block Store）、AWS 云应用部署（AWS Elastic Beanstalk）、亚马逊关系数据库服务（Amazon Relational Database Service）、亚马逊网络数据库云服务（Amazon DynamoDB）、亚马逊简单工作流（Amazon Simple Workflow）以及亚马逊内容推送服务（Amazon CloudFront）。但总的来说，AWS 运行的结果令人称奇。到 2019 年，AWS占亚马逊总收入的 12%，年增长率为 39%。AWS 的客户包括

美国国土安全部（DHS）、中央情报局（CIA）、美国国防部
（DoD）、美国宇航局（NASA）、奈飞（Netflix）、众多国际政
府机构和特勤局，更不用说成千上万的大大小小的公司和非
营利组织了。如果没有 AWS，我们现在所知道的大部分互联
网是不可能实现的。

　　强大的 AWS 加入同样强大的亚马逊帝国，难免会引起一
些人的非议。时不时地就会有人提出政治问题，质疑亚马逊、
苹果、字母表和微软等科技巨头是否通过一些所谓的垄断措
施，是否给社会带来深远的负面影响。一些批评人士还质疑
AWS 某些客户的道德水平。亚马逊与国防部联合企业防御基
础设施（JEDI）的关系就是一个很好的例子。JEDI 是一个云
计算项目，据称在 10 年内价值超过 100 亿美元。许多大公司
最初都对这个项目感兴趣，包括亚马逊、谷歌、IBM、微软和
甲骨文公司（Oracle）。谷歌和国际机器商业公司最终退出了
竞争。2013 年 8 月，甲骨文公司提出了一项裁决前抗议，在
它所提出的 3 个主要问题中有两项与国防部的采办本身有关
（奖励结构和未来服务的采购），第三项则涉及国防部和 AWS
之间所谓的利益冲突。（这些指控后来被多家法院和美国政府
问责局驳回。）2019 年 8 月，特朗普总统在宣布获胜者前几周
暂停了竞标过程。

　　特朗普总统和贝佐斯之间素来不和。特朗普一再批评贝

佐斯和亚马逊，指责亚马逊没有全额缴纳税款，并通过贝佐斯所掌控的《华盛顿邮报》对特朗普政府进行不公平的政治攻击。2019 年 10 月，JEDI 项目合同最终被授予微软，因此 AWS 于 2019 年 11 月 22 日向联邦索赔法院提起诉讼，对该决定提出质疑。公开的法庭文件显示，亚马逊抗议"微软公司明显的能力不足，政府判断错误，并带有明显的偏见"，认为特朗普利用他的政治影响力阻挠 AWS 获得该项目。

因此，当美国联邦索赔法院表示亚马逊有可能在其关于国防部对其提案进行不恰当评估的诉讼中胜出时，微软停止了在 JEDI 项目上的相关工作。然而，2020 年 9 月 4 日，国防部重申了最初授予微软的合同。不过，2021 年 7 月 6 日，JEDI 项目被取消，微软与其签订的合同也被取消。该项目提出了额外的要求，演变为联合作战人员云能力（JWCC），参与竞标的邀请向 4 家公司发出：亚马逊、谷歌、微软和甲骨文。

出版业革命

贝佐斯是一个热爱阅读和图书的人。在他的学术生涯和职业生涯中，图书似乎对他的思想产生了深远的影响，某些图书在他人生的关键时刻发挥着重大的影响力。其中对他产生了特别大影响的一本书是哈佛大学教授兼商业顾问克莱顿·克里斯坦森（Clayton Christensen）于 1997 年首次出版的《创新者的窘境》(*The Innovator's Dilemma: When New Technologies Cause Great Firms to Fail*) 一书。在数字技术创新的最初几十年里，克里斯滕森思考了一个问题：为什么拥有巨大市场份额的大公司最终会倒闭？他所指的"困境"是指实力雄厚、盈利丰厚的公司有时必须做出选择，要么投资于可能最终摧毁现有市场的变革，要么保持中短期安全利润的现状，但随后可能会落入具有颠覆和创新意识的竞争者之手，一败涂地。

《创新者的窘境》成为国际商业畅销书，2011 年,《经济学人》(*The Economist*) 甚至将其评为有史以来最重要的商业图书之一。贝佐斯读了这本书，并牢记其中的教训。贝佐斯应对创新者困境的策略几乎是不变的——他抱着与众不同的热情，愿意接受颠覆性创新，不管这对他的短期商业利益有多大影响。这使他在很多领域，特别是在图书领域，贝佐斯彻底改变了整个行业，改变了数百万人阅读图书的方式。

到 2004 年，当亚马逊开始对出版业进行改造时，贝佐斯就已经深刻地认识到，一个看似稳固的市场是如何突然被一个创新的外来者打破的。2001 年 1 月 9 日，苹果公司的首席执行官史蒂夫·乔布斯（Steve Jobs）宣布了 iTunes 的到来，这是一个允许用户以数字方式存储媒体，特别是音乐的软件程序。这本身并没有威胁到亚马逊在音乐方面的庞大销售额，因为在这个历史关头，音乐主要是以实体产品，即 CD 来包装的，而苹果公司并不从事这些产品的销售。事实上，苹果公司和亚马逊在早期就合作优化双方销售额的可能性展开过讨论，但并没有付诸实践。2001 年 10 月，苹果公司的市场理念变得更加有趣，当时它推出了第一代 iPod，一种用于存储和播放音乐的便携式设备——便携式磁带或 CD 播放器称王的时代真的一去不复返了。但从亚马逊的角度来看，游戏规则真正改变是在 2003 年 4 月，当时苹果公司开设了 iTunes 商店。音乐爱好者甚至不需要订购实体 CD——他们只需从商店下载一个数字播放列表，保存在 iTunes 中，然后将其加载到他们的 iPod 上就行了。

苹果公司并不是第一个开创纯数字音乐下载的公司。20 世纪 90 年代末，点对点文件共享服务纳普斯特（Napster）曾在此领域独占鳌头。然而，纳普斯特由于侵权行为导致该网站在几年内被关闭，苹果公司的 iTunes 商店却取得了巨大的成功。该服务推出前 5 天就有 100 万次下载，到 2004 年 7 月 11 日，它已经卖出了 1 亿首歌曲。到 2006 年 2 月底，歌曲销量达到了 10 亿首。

苹果公司在数字音乐领域的发展速度完全超越了亚马逊。

时至今日，亚马逊也依然处于下风［客观来说，苹果公司
Itunes 后来也被运行流畅轻盈的新生音乐平台声田（Spotify）
超越］。在 2004 年，贝佐斯决定将他的公司打造成一个全新
的领域即电子书领域的排头兵。

　　然而，有些人已经走在了他的前面。古腾堡工程（Project
Gutenberg）成立于 1971 年，该工程旨在将版权过期的文本著
作数字化、电子化，但这些书只能在个人电脑上阅读。1997
年，马丁·埃伯哈德（Martin Eberhard）和马克·塔彭宁
（Marc Tarpenning）创办了一家名为 NuvoMedia 的新媒体公司，
并推出了世界上第一台名为火箭书（Rocketbook）的电子阅读
器。他们希望让读者能够在一台便携式设备上阅读整个图书
馆的数字化图书。这两个年轻的企业家需要一个投资者来把
产品推向市场，他们立刻想到了亚马逊。1997 年，他们拿着
粗糙的产品原型，向贝佐斯提出了这个建议。

　　亚马逊创始人贝佐斯当然相信电子阅读器的原理和潜力，
持续了 3 周的谈判也足够表明这一点，但他也看到了几个主
要问题。他对这种阅读体验不感兴趣，尤其是液晶显示屏幕
的强光，他也不喜欢火箭书需要连接到计算机才能下载图书，
贝佐斯想要实现无线下载，埃伯哈德和塔彭宁觉得这个要求
很奇怪，因为无线连接和数据套餐会导致产品成本的大幅上
升。最关键的一点是贝佐斯希望 NuvoMedia 与亚马逊达成独

家协议，让亚马逊有权否决未来任何其他投资者。贝佐斯的想法是他不希望 NuvoMedia 的电子阅读器取得成功之后，将来某一天再将公司卖给巴诺书店。这一点使所有谈判前功尽弃了，因为这两个年轻人确实去了巴诺书店，巴诺书店购买了该公司 50% 的股份。

　　看起来贝佐斯好像被人愚弄了，但事实并非如此。尽管第一年火箭书的销售额达到 2 万册，但随着互联网泡沫的破裂，NuvoMedia 本身很难获得进一步的融资。该公司被卖给了詹姆斯达（Gemstar）电视指南公司，詹姆斯达还买下了另一家早期的电子阅读器软书（Softbook）。但詹姆斯达也有问题——到 2003 年，火箭书和软书已经消失，巴诺书店也停止销售这些设备。其他几款电子书阅读器，比如 EveryBook Reader 和 Millennium 电子书，在这个时候也尚未起步。也许这个时代尚未准备好迎接电子阅读器的到来。

　　贝佐斯还有其他想法。当时亚马逊在销售电子书，但这些产品只能通过奥多比（Adobe）或微软的软件阅读，而且可供选择的图书有限，价格也很高。贝佐斯在 2004 年的一次会议上告诉他的 S 团队，他想开发一款改变传统游戏规则的亚马逊电子阅读器。就像贝佐斯以前的许多想法一样，这个想法起初也遭到了强烈的反对，尤其是高管的反对，他们认为亚马逊进入电子产品制造领域会大量消耗研发和制造资金，而且失败的风险很高。但贝佐斯没有气馁，砥砺前行。该项目将由史蒂夫·凯塞尔（Steve Kessel）领导，他是 1999 年加入亚马逊的高管，此前曾在网景公司工作过。为了避免创新者进入两难困境，贝佐斯告诉凯塞尔："你的工作就是毁掉你自己的生意。"他说凯塞尔应该像真正努力摧毁印刷图书销售的人那样，带着紧迫感和专注度工作。凯塞尔在这一领域几乎没有任何经验，他开始招人，并建立了一个名为 126 实验室（Lab126）的秘密研发副业，负责开发亚马逊品牌的电子书阅读器。❶

126 实验室有一个艰难的任务，而且是贝佐斯本人亲自指定的任务。他们必须开发无线下载功能；他们必须使设备足够轻，以便单手阅读；屏幕必须在所有光线条件下都能阅读，并且不会引起眼睛疲劳。后来，一个叫作 E-Ink 的系统解决了这些问题，这是一种由麻省理工学院的本科生和学者在 20 世纪 90 年代末开发的数字纸，它利用微胶囊的带电场来生成屏幕图像，其视觉舒适度与普通印刷纸相似。E-Ink 能耗也很低，它的电池续航时间很长，这对阅读器来说是必不可少的。他们还必须给这个设备起一个代号，他们选择了尼尔·斯蒂

---

❶ 标题中的数字代表字母表中的字母，1 = a，26 = z，这意味着电子阅读器最终能够访问整个 A–Z 的出版作品库。

芬森（Neal Stephenson）的《钻石时代》（*The Diamond Age*）中的一个角色"菲奥娜"（Fiona）作为代号，这部小说的情节线围绕一本互动教科书展开。但后来，平面设计师兼营销顾问迈克尔·克罗南（Michael Cronan）加入了品牌推广过程。他给该设备起了一个经久不衰的名字——Kindle，它在后来几乎成了电子阅读器的代名词。

为了使产品在外观上更具吸引力和竞争力，126 实验室聘请了国际设计公司五角设计联盟（Pentagram）位于旧金山办公室的团队进行专门设计。他们还不得不与贝佐斯的想法周旋。他们最大的争论之一是关于在设备中内置物理键盘的问题，五角设计联盟对此表示反对，认为键盘会破坏设备的简洁线条。贝佐斯在几次剑拔弩张的会议上强行推翻了他们的设计建议。最后，产品的设计反馈给 126 实验室，关于产品最终的设计和规格也达成一致。接下来便是生产制造 Kindle 的问题，这也是一个真正的障碍，不得不使产品的发布时间越拖越长。

但还有一个大问题需要解决。贝佐斯向他的团队宣布 Kindle 推出时的目标是让读者能够访问和下载不少于 10 万册书的图书馆，包括《纽约时报》（*The New York Times*）畅销书中 90% 的部分。但是问题来了，世界上的出版商只数字化处理了大约 2 万种书。亚马逊是时候要花大力气来说服出版商将他们的库存数字化了。但他们为什么要这样做呢？对于大多数甚至所有的出版商来说，此时的电子书是一个很小的利基产品线——他们的利润来自印刷和装订的图书，提供一种阅读体验，就算这些现代图书被运回古代，也可以辨认出这是书。此外，如果这些产品比实体产品卖得便宜，这会削弱他们的主干业务，他们为什么要生产电子版的图书呢？

于是，亚马逊历史上饱受争议的一段发展时期开始了，在这段时间里，贝佐斯再一次坚定不移地确定了客户的报价，所有其他考虑都是次要的。贝佐斯聘请了一位强硬的谈判代表林恩·布莱克（Lyn Blake），他曾在商业图书领域工作过，来迫使出版商降低亚马逊的图书批发价。这是从 2004 年左右开始的，所有大大小小的出版商都成了目标。如果拒绝的话，出版商的作品就有可能从亚马逊的推荐算法中被删除，考虑到现在世界上大部分图书都是通过亚马逊销售的，这可能对销售产生严重影响，甚至导致公司倒闭。但如果满足打折的要求，出版商的利润以及作者的利润，可能会被压榨掉。这对于出版商和亚马逊的关系非常不利。布拉德·斯通透露，该计划被称为"瞪羚计划"（Gazelle Program），因为贝佐斯向布雷克解释说，亚马逊是一头猎豹，而每个出版商都像一只孤独而脆弱的瞪羚。

然后是电子书的问题。对出版商来说，将现有图书数字化是一个现实和法律上的难题，如果没有对强大新兴市场的明确认识，他们这么做就没有意义。2006 年，亚马逊开始向出版商展示 Kindle（Fiona）原型机，这是亚马逊一直以来极力保守的秘密。起初，许多发行商显然对这款当时仍相当笨重的设备印象不深。但由于无线连接的可能性，Kindle 开始得到出版商更多的支持，数字化图书的数量稳步上升，亚马逊认为他们生产电子书的速度不够快所带来的一些压力也对他们产生了一定的刺激作用。

2007 年 11 月 19 日，贝佐斯在曼哈顿下城的 W 酒店向记者和出版界高管们发布了 Kindle。此时，亚马逊已经建立了一个藏书 10 万册的图书馆，2.5 万台盒装 Kindle 放在亚马逊的运营中心里等待发货。顾客如果要想拿到一本电子书，只需要通过他们的普通亚马逊账户订购，电子书就会通过无线方式立即发送到他们的设备上。它的售价为 399 美元，每台设备可以容纳数百份出版物。这是出版业真正的革命。

贝佐斯宣布，《纽约时报》所有畅销书和新书的统一价格为 9.99 美元，这让已经紧张不安、备受打击的出版业高管们更加不满。这在整个房间里引起了骚动，这是出版商第一次听说这种定价模式。要知道一本新的精装本图书售价可能在 25 美元或以上，9.99 美元的电子书价格远远低于纸质书。

2011 年 9 月 28 日，贝佐斯在纽约高举着亚马逊的新款平板电脑 Kindle Fire。在接下来的 12 月，亚马逊每周卖出 100 多万台 Kindle

这是贝佐斯、亚马逊和出版商之间一场长期而激烈的定价战的开始。随着时间的推移，几场法庭大战上演了。第一次发生在 2011 年，当时亚马逊起诉苹果公司和世界"五大"出版商——阿歇特（Hachette）、哈珀·柯林斯（Harper Collins）、西蒙与舒斯特（Simon & Schuster）、企鹅［后来的企鹅兰登书屋（Penguin–Random House）］和麦克米伦（Macmillan）——共谋操纵电子书收费。亚马逊赢得了这场官司，出版商最终支付了 1.66 亿美元的赔偿金，而苹果公司要向消费者支付 4 亿美元的账单。但在 2021 年，形势发生了逆转，哈根斯·伯曼律师事务所（在 2011 年的案件中代表亚马逊的同一家律师事务所）对亚马逊和五大会计师事务所提起集体诉讼，指控他们串通一气，在亚马逊自己的平台上抬高电子书定价。在本书撰写时，这个案子还没有通过法院的审理。

但是，回过头来看，撇开争议不谈，Kindle 成了亚马逊另一个强大的利润引擎。曾经，Kindle 的全部库存在短短 5.5 小时内就卖光了，直到 2008 年 4 月才重新有货。在那之后，改进版的 Kindle 和电子书的销量开始飙升。到 2009 年年底，Kindles 已经售出约 150 万台。包括巴诺书店在内的其他主要竞争者试图迎头赶上，但到 2010 年，亚马逊已经占据了 48% 的市场份额。Kindle 带来了巨大的收入——2012 年估计为 35.7 亿美元，2014 年为 50 亿美元（仅以这两年为例）。

贝佐斯在 2007 年致股东的信中，透露他对 Kindle 的热情。贝佐斯在解释了消费者争相购买 Kindle 的原因，以及这款新设备的特点后，简要介绍了阅读的进化史，从 1440 年古腾堡印刷机的发明到 Kindle 的推出。在这封信中，他透露了一些关于他如何看待当今时代信息吸收的重要细节。贝佐斯是一名科技狂，他对现代数字设备的看法，足以证明他对"信息零食"方式持消极态度，因为不断地浏览事实和数据片段，这个过程使我们的注意力持续时间缩短。正如我们将在最后一章中探讨的那样，贝佐斯并不喜欢松懈或肤浅的思维。在贝佐斯的会议上，一位将公司理念建立在"信息零食"基础上的高管，在会议上可能会如坐针毡。贝佐斯将 Kindle 视为对肤浅思维的矫正，是一种鼓励"长时间阅读"并起到认知矫正作用的设备。他说："我们希望 Kindle 及其后续产品能循序渐进地让我们在未来几年注意力更加集中，为最近泛滥的信息零食工具提供一种平衡。我知道我在这里的语气就像传教士一样，但我可以向你保证我是发自内心的。"

但是，Kindle 的问世以及电子书的快速交付，并不是贝佐斯和亚马逊在图书出版领域所带来的唯一转变。在推出 Kindle 的同时，亚马逊于 2007 年宣布为作者推出一项新的名为"数字文本平台"的自助出版服务，但最终更名为 Kindle 自助出版平台（KDP）。Kindle 自助出版平台打破了作者和出版商（或作者、代理人和出版商）之间的传统模式。通过 Kindle 自助出版平台，任何人都可以写书并以电子书的形式出版，或者（通过亚马逊另一项名为 CreateSpace 的服务，该公司于 2005 年被亚马逊收购）按需印刷平装书，然后通过亚马逊商店出售。与出版商的版税率（通常为净销售额的 5%～15%）不同，Kindle 自助出版平台出版物的作者可以获得图书价格的 35% 或 70%（这取决于所选择的销售方式）。亚马逊现在让有抱负的甚至已经成名的作家直接出版自己的作品变得更加可行，在这个过程中把出版商排除在外。

这是一种革命性的出版模式。当然，事情并不像看起来那么简单。与所有自行出版的作品一样，这些作品的质量参差不齐，而且与常规出版一样，只有极少数人能够从中赚取足够生活的收入。但这仍然是出版业担忧的另一个原因。电子书自助出版业在 10 年内成为一个价值 10 亿美元的产业，而这一进步在很大程度上归功于亚马逊。2016 年，亚马逊发行的 400 万册电子书中约有 40% 是自助出版的，到 2019 年，Kindle 自助出版平台作者的版税已攀升至 9 亿美元。在 2011 年致股东的信中，贝佐斯让 Kindle 自助出版平台的作者自己讲述了这项服务如何改变了他们的生活，为他们提供了自由的知识，消除了市场壁垒，并提高了他们的写作收入。贝佐斯以这些账户为跳板，证明了"发明已经成为亚马逊的第二天性"。

JEFF
BEZOS

第五章
无处不在的亚马逊

从 2010 年往后的 10 年里，世界对贝佐斯和亚马逊的看法发生了不可逆转的变化。进入新的 10 年后，亚马逊无疑成了电子商务领域的领军人物，但其长期盈利能力仍然存疑。在 2014 年的一次谈话节目中，微软首席执行官史蒂夫·鲍尔默（Steve Ballmer）称亚马逊是一家"不错的公司"，但这家公司并没有真正赢利。6 年后，这样的观点看起来非常可笑。亚马逊过去 10 年的收入数据展示了一种非同寻常的增长模式，反映在柱状图上看起来就像是过山车，开始时平稳运行，然后陡然攀升（从 2015 年开始）。2010 年年底，亚马逊的年净销售额为 334 亿美元，净收入为 11.5 亿美元。相比之下，2021 年的年收入接近 4700 亿美元，净利润为 334 亿美元。请记住，2021 年的数据是在世界经历了第二次世界大战以来最严重的全球危机之一——新冠疫情大流行的两年之后记录的。虽然疫情对人类造成的损失重大，但这场国际灾难实际上有利于亚马逊发挥商业优势，因为它的零售部门成了全球数百万居家人士的生命线，而转向在线工作和销售则为 AWS

带来了更多的商业能量。所以，亚马逊的年收入在 2020 年同比增长了 37.62%，2021 年又增长了 21.7%。

随着亚马逊日渐庞大，贝佐斯的个人财产也在持续增长，并引起了媒体的关注。2018 年，他的净资产超过 1500 亿美元，两年后就超过了 2000 亿美元。当初那些具有创新精神的公司在 21 世纪初突然失去了动力，落后于充满活力的新公司，亚马逊却始终一直在努力前进，贝佐斯从不满足于现状。因此，新发明不断涌现，其中一些在进入商业轨道之前就销声匿迹了，另一些则存活下来，最终占据了巨大的市场份额，而在这个领域，几乎没有人想到电子商务帝国会入侵。

智能手机与智能音箱

从我们对贝佐斯的研究中可以看出，他反复无常的想法并非全都靠谱。事实上，许多想法很快就遭到否决，被丢进了垃圾桶。值得一提的是亚马逊 Fire Phone 智能手机，现在几乎没有人还保留它了，就算有，也只是把它遗弃在满是灰尘的抽屉里吃灰。

到 2010 年，当贝佐斯看到智能手机的崛起时，他感到很紧张，因为像谷歌、苹果和三星这样的公司瓜分了这个呈指数级增长的新兴市场。他担心被他人的创新成果排挤，于是委托进行"项目 B",该项目随后被命名为"Tyto"(以猫头鹰的一个属命名),并最终推出了一款名为 Fire Phone 的智能手机。

2019 年 9 月,贝佐斯在新员工迎新日上对新亚马逊人发表讲话。如今,亚马逊在全球拥有超过 400 万名员工

亚马逊开发智能手机是为了体现其互补性。2011 年 11 月,亚马逊推出了 Kindle Fire 平板电脑,这是一款价格适中的平板电脑,可以与高端的苹果 iPad 竞争。尽管 Fire 平板电脑并没有把 iPad 从霸主地位上挤下来,但它确实成了平板电脑市场上一个强有力的竞争者,并且直到今天仍然是平板电脑的热门选择。但在 21 世纪第二个十年初,贝佐斯似乎觉得,如果没有智能手机,亚马逊就还是在退步,这显然是无法接

受的。

Fire 智能手机的开发过程漫长而曲折。从一开始，贝佐斯就希望这款设备能够与 iPhone 相抗衡，它拥有超尖端精密的功能，如三维（3D）显示和手势操作，而不是单纯地点击屏幕来控制动作。工程师团队努力完成如此苛刻的任务，特别是研制出了 3D 显示屏，它能迅速耗尽手机电池的电量。布拉德·斯通还回忆，有一次，贝佐斯无法相信有人在手机上使用日历功能，几个亚马逊员工不得不说服他，他们确实使用了日历功能。该项目变得越来越复杂，并分成两部分：一部分是高端设备，后来成为 Fire 智能手机；另一部分是被称为 "Otus" 的低成本版本，尽管亚马逊的一些人认为 Otus 项目是获得智能手机市场份额的更好机会，但最终它还是被放弃了。

在漫长的延期之后，Fire 智能手机于 2014 年 6 月 18 日正式发布。贝佐斯在西雅图的弗里蒙特剧院（Fremont Theater）向全球媒体展示了这款新设备。人们对这部手机褒贬不一，有些人无感，有些人非常失望。一些科技分析师对某些功能表示赞赏，但认为在整体包装和价格方面还略逊一筹，不足以吸引用户放弃安卓和 iOS 手机。他们说得对。Fire 智能手机的销量激增大约持续了两周，但后来不论是降价还是增加进一步的服务优惠都无法阻止其颓势。不到一年，Fire 智能手机就停产了，亚马逊在开发过程中损失了 1.7 亿美元。

Fire 智能手机的失败在很大程度上要归咎于贝佐斯本人。据说，他太过在意开发阶段的细枝末节。不过，贝佐斯总是坦然接受创新带来的风险和回报，他从未拒绝承认 Fire 智能手机的失败。然而，正如加拿大裔美国科学家奥斯瓦尔德·埃弗里（Oswald Avery）的座右铭所言，"无论何时何地失败，都要从失败中有所收获"，贝佐斯在研发 Fire 智能手机的过程中并非无功而返。他在 2018 年致股东的信中说道："Fire 智能手机和 Echo 几乎是同时开始开发的。虽然 Fire 智能手机是个失败品，但我们吸取了教训（也吸取了开发者的教训），加快了开发 Echo 和 Alexa 的步伐。"

Echo 和 Alexa 分别是亚马逊的交互式扬声器和软语音虚拟助手。它们将亚马逊与人工智能领域滚雪球般的利益联系在一起。在人工智能系统中，计算机以更灵活、更像人类的方式"思考"，这种思维方式能够通过用户不断输入数据而不断完善。Echo 与 Fire 智能手机几乎是在 2010 年同时开始开发的，当时贝佐斯正在研究声控设备与人工智能结合的可能性。（实际上，他的兴趣真的可以追溯到他童年对《星际迷航》中企业号上的交互式语音计算机的喜爱。）到 2010 年，这种系统已经投入商业运营，应用在一些品牌的智能手机、声控电脑和听写软件中。贝佐斯大致介绍了这款设备的构想，它将通过家里或办公室里的无线网络，利用内置的麦克风接收语音指令。用户可以在设备参数范围内得到他们需要的信息，比如旅行信息、天气报告、音乐等。实现贝佐斯另一个儿时"狂热梦想"的工作交给了 126 实验室，即由格雷格·哈特（Greg Hart）领导的团队，他自 2009 年以来一直在亚马逊工作。

未来 Echo 和 Alexa 的开发将是亚马逊历史上最具挑战性的技术成就之一，这是一项致力于开发人机交互尖端技术的伟业。亚马逊不得不收购了几家领先的科技初创公司，包括波兰公司伊沃纳（Ivona），该公司成立于 2001 年，专门从事人类发音的计算机生成语音的研发工作。考虑到 Alexa 可能需要回答的问题的多样性，它不可能基于预先设定好的回答进行录音。伊沃纳开发了一种系统，将人类声音的片段进行数字组合，使计算机可以形成新的单词。

到 2013 年，这项代号为"多普勒"的工作已经实现了 Echo 设备的第一次迭代，其特点是拥有直立的"品客薯片罐头"的外形，具有集成麦克风和扬声器。要唤醒设备，用户只需说出"Alexa"这个词并提出要求即可。但是，让扬声器识别人类语言的所有细微差别和特异性，着实是一座难以逾越的高山，尤其是在收集所需的语音数据量方面。起初，热心的亚马逊员工在家中对这些设备进行了测试，但这不足以构建数据集。但是没想到的是，这个难题被一个巧妙的子项目解决了，该项目名为 AMPED，由一家澳大利亚数据收集公司运营，其中 Alexa 设备被安放在许多出租屋和公寓里，这里的工人和住户的流动性很高，再加上成千上万的有偿志愿者都提供了他们独特的说话模式。这些设备昼夜不停地运行，AMPED 产生的大量数据集（所有数据都是自愿收集的）给亚马逊在语音识别软件领域带来了巨大的推动力。

与其他重要项目一样，贝佐斯从一开始就亲自参与这个项目，对设备发光识别灯的亮度等要素提出严苛的要求，希望 Alexa 和 Fire 平板电脑之间进行复杂的交互。回想起来，并不是他所有的要求都对产品有利，但他的一些要求仍然确保了产品能够在 2016 年 11 月 6 日上市。

与 Fire 智能手机不同的是：Alexa 和 Echo 确实是家庭科技新风尚的开端。Alexa 在某种程度上成功地将科幻的未来与熟悉的舒适感融合在了一起，如果使用得当，自然会带来极大的便利。媒体的反馈很好，客户也表达了认可——超过 30 万台设备被立即订购一空。飞轮再次开始旋转，销售量从及格达到优秀——到 2019 年，Echo 设备在全球销量超过了 1 亿部。在 2018 年致股东的声明中，贝佐斯解释了创新的一个重要因素，即现有的客户需求并不总是代表着正确的前进方向。

没有客户说想要一台 Echo。这绝对是我们在偏离客户需求，进行市场调查也无济于事。如果你在 2013 年对一位顾客说："你想在厨房里放一个品客薯片罐头大小的黑色、永远开着的圆筒吗？你可以对着它聊天、问问题，它还能开灯、放音乐。"我敢保证，他们会奇怪地看着你，然后说："不用了，谢谢。"

亚马逊 Echo 受欢迎的另一个重要原因是亚马逊在数字音乐领域的影响力不断增强。2007 年 9 月，亚马逊在美国推出了 MP3❶ 在线音乐商店，并进行了公测。这项服务的一个核心卖点是它们提供没有采取数字版权加密技术（DRM）的音乐，这意味着用户可以自由复制曲目，包括百代、环球、华纳和索尼贝图斯曼等大唱片公司的曲目。苹果随后也获得了这些版权。布拉德·斯通指出，此后"亚马逊在音乐领域一直处于落后地位"。亚马逊随后在 2014 年推出了音乐流媒体服务亚马逊音乐。

然而，形势变化莫测。虽然亚马逊音乐仍然落后于苹果音乐和声田等公司，但其增长速度已经超过了它们。2020 年

---

❶ 一种能播放音乐文件的播放器，英文为 Moving Picture Experts Group Audio Layer-3。

年初，亚马逊宣布亚马逊音乐订阅用户超过 5500 万，年增长率超过 30%。虽然它距离赶上声田（付费用户约 1.8 亿）等公司还有一段距离，但它仍然是数字音乐市场的主要竞争者。

亚马逊荧幕之争

纵观亚马逊的投资组合，贝佐斯最大的转变之一是将公司带入电视和电影制作领域。制作电视剧和长篇电影与电子商务完全不同，这更多的是好莱坞大型电影公司或黄金时段电视制作公司的领域，它们积累了数十年的经验和对市场的理解。但贝佐斯并不气馁，他将亚马逊带入了这个新领域并做得风生水起。如今，亚马逊的创意作品已使其成为奥斯卡金像奖和各大电影节多个语言奖项的经常性获奖者或提名人。电影《海边的曼彻斯特》（*Manchester by the Sea*）（2016年）、《推销员》（*The Salesman*）（2017年）、《你从未真正来过》（*You Were Never Really Here*）（2017年）、《冷战》（*Cold War*）（2018年）、《甜心男孩》（*Honey Boy*）（2019年）、《成为里卡多家人》（*Being the Ricardos*）（2021），电视剧《鬼才皮特》（*Sneaky Pete*）（2015年）、《高堡奇人》（*The Man in the High Castle*）（2015年）、《罗曼诺夫家族》（*The Romanoffs*）（2018年）都获得了评论界的好评和大明星的青睐。亚马逊工作室和亚马逊 Prime 视频（Amazon Prime Video）的作品受到了人们的高度认可，并凭借其典型的颠覆性影响，成为许多传统工作室的有力竞争对手。

贝佐斯进军电视和电影行业的动力就是奈飞公司。里德·黑斯廷斯（Reed Hastings）和马克·伦道夫（Marc Randolph）于 1997 年在加州的斯科茨谷（Scotts Valley）创立了奈飞公司，公司最初的业务是通过邮件销售和租赁数字多功能光盘（DVD）。但在 2007 年，由于高速宽带互联网的普及，奈飞公司转向了流媒体视频点播（SVOD）领域。它在这一领域取得巨大成功，在 2013 年，它进入内容制作领域，推出了广受欢迎的电视剧《纸牌屋》（House of Cards）。如今，它是世界上最大的媒体制作公司之一，拥有超过 2.2 亿的订阅用户和一个简单的商业模式——通过每月订阅，就可以自由访问奈飞图书馆的所有内容。

早在 2010 年，贝佐斯就见证了奈飞公司的崛起，他知道亚马逊是时候在 SVOD 市场分一杯羹了。他的概念被称为 Prime 视频。他当时的构想是亚马逊 Prime 的客户可以通过现有账户观看 SVOD 内容；从某种意义上说，Prime 视频是对现有服务的免费补充。贝佐斯拨款 3000 万美元来开发这一创意，由亚马逊数字音乐和视频业务的主管比尔·卡尔（Bill Carr）负责。

这项新服务于 2006 年 9 月 7 日正式运营，最初在美国被称为亚马逊 Unbox，后来被称为亚马逊视频点播和亚马逊 Prime 视频。Prime 视频创意内容背后的驱动力来自与媒体公司、制片公司和电视网络达成授权协议，播放它们最受欢迎的节目。它还与维亚康姆（Viacom）、电影频道（Cinemax）、探索频道（Discovery Channel）、表演时刻（Showtime）、索尼影业（Sony Pictures）、公共广播公司（PBS）、回旋镖电视网络（Boomerang）等签署了协议。视频制作产量的增长速度令人咋舌——到 2014 年，亚马逊已经上架了 4 万个视频主题。

然而，在 Prime 视频建立外部制作内容目录的同时，亚马逊也在研究自己制作电影和节目的可能性。这个想法来源于亚马逊高管罗伊·普莱斯（Roy Price），他于 2004 年加入亚马逊，负责制定数字视频战略。当普莱斯和卡尔共同探讨时，贝佐斯对未来的发展提出了自己的独特观点，再次试图在亚马逊与传统的娱乐方式之间划清创新的距离。他的构想是建立"科学工作室"，在这个过程中，任何人都可以提交剧本想法，而不仅仅是代理商代表和工作室批准的编剧。这些创意将由顾客、亚马逊员工和独立评委进行评估，并承诺在 90 天内向作者反馈。这样一来，委托过程将由数据和客户的喜好来决定，而不是来自媒体制作人过于主观的个人判断。科学工作室从 2010 年开始接受测试，但在贝佐斯希望将委托工作民主化的过程中遇到了大量质量不佳的剧本，因此重点转向直接与专业编剧合作，由亚马逊高管审查或委托。亚马逊工作室于 2010 年 11 月 16 日正式成立，主要业务是负责制作通过审查程序的电视剧。

2013 年 4 月，亚马逊对亚马逊工作室制作的 14 部不同剧集展开试映，其中喜剧《贝塔》（*Betas*）、《阿尔法之家》（*Alpha House*）和《机器人》（*Annedroids*）在试映中被保留下来，并于当年晚些时候首播。这些节目受到人们的认可，但是反应平平。因此，贝佐斯和普莱斯继续寻找吸引公众眼球的途径。在普莱斯的带领下，亚马逊决定专注于制作受独立电影启发的高质量节目，为亚马逊的客户提供具有国际视野、制作精良的作品，使亚马逊与占据大部分时间表的可预测的节目分开。这是一个让人心驰神往的想法，它将给 Prime 视频平台打造一个有吸引力的品牌。《透明家庭》（*Transparent*）（2014 年）、《丛林莫扎特》（*Mozart in the Jungle*）（2014 年）和《博世》（*Bosch*）（2015 年）等广受欢迎的电视剧就成功地体现了这种创新理念（《透明家庭》是第一部赢得美国电影电视金球奖的 SVOD 制作）。此后，即使在 SVOD 竞争加剧的市场上，这种创作也持续呈上升趋势，不可阻挡。例如，在 2020 年，亚马逊在电影、电视和音乐上花费了 110 亿美元。与前一年相比，投资增长了 41%。2014 年，亚马逊推出了一款记忆存储器大小的网络设备遥控 Fire Stick，用户可以毫不费力地将内容从路由器传输到电视，降低了访问内容的难度。

人们不只观看和阅读亚马逊的内容。亚马逊有声读物（Amazon Audible）是一款在线有声书和播客服务软件，自 1997 年推出以来，发展也异常迅猛，并已然成为世界上最大的有声书销售商和生产商。在 2013 年致股东的信中，贝佐斯对 Amazon Audible 提供的服务十分满意。

> 2013 年，Audible 用户下载了总共近 6 亿小时的语音。多亏了 Audible 工作室，人们可以在开车去上班的路上，听着凯特·温丝莱特（Kate Winslet）、科林·费斯（Colin Firth）、安妮·海瑟薇（Anne Hathaway）和许多其他明星的声音。2013 年最受欢迎的是杰克·吉伦哈尔（Jake Gyllenhaal）朗读的《了不起的盖茨比》（*The Great Gatsby*），已经卖出了 10 万册。设备同步功能（Whisper sync for Voice）允许用户在 Kindle 上阅读的图书和智能手机上收听相应的 Audible 图书之间无缝切换。

除了 Echo 和 Alexa、送到家门口的包裹，还有在许多数字生活后台运行的 AWS 基础设施，亚马逊频繁地出现在世界各地人们的日常数字生活中。此时贝佐斯也开始采取行动，让亚马逊不只是一个数字化存在，而是不可忽视的实体力量。

亚马逊商店

贝佐斯创立亚马逊为零售业创造了更多的可能性。亚马逊是实体店的替代品，它提供了巨大的、无国界的购物体验，把商品带到顾客面前，而不是让顾客亲自来到商品面前。亚马逊对零售业格局的颠覆性影响，不仅在于它打破了传统模式，也在于它定义了电子商务新世界的轮廓。2012年贝佐斯开始与他的高级团队讨论亚马逊开设实体店的前景。乍一看，在商业街竞争似乎是一个不明智的举动，实际上这是在尝试用另一种方式重写规则。

推动贝佐斯做出决定的是3条主要技术线索的融合。第一，自1994年以来，计算机处理能力大幅提高，为自动化和数据处理带来了新的前景。第二，实时模式识别摄像机已经成为现实。第三，到目前为止，从下棋到工业机器人等领域，人工智能和深度学习都真正展示了它们的实力和潜力。贝佐斯充分考虑了这些因素，建议他的高管们研究高端技术如何改变实体店的本质。他们任命了一个团队，由史蒂夫·凯塞尔（就是把Kindle推向市场的那个人）负责，在精力充沛的老板的频繁审视下，他们在高度保密的条件下开始了尝试。

这一切都被浓缩成一句话："拿了就走"（Just Walk Out，JWO）自动结账技术的应用。这是一个非凡的想法。顾客进入商店并在进入时表明自己的身份，［用户可以在亚马逊购物应用程序上使用店内代码，或者在特定的亚马逊无人超市（Amazon Go）使用 Amazon One（一种使用顾客手掌的非接触式识别系统）或信用卡进行访问识别。］一进去就可以购物，然后直接走出去，不用经过实体收银台，付款会自动扣除。该商店的技术——数百个摄像头和重量传感器与一组超级计算机相连——将跟踪每位顾客的一举一动和每一个产品选择（包括放回或更换的商品），在出口时准确地计算出整个购物篮子的金额，并在顾客的亚马逊账户上记账。没有什么比这更方便了。它被命名为亚马逊无人超市。

亚马逊无人超市是一个很有创意的想法，贝佐斯很快就同意这个计划并投入了大量资金。他们决定将项目重点放在以中型便利店的形式销售杂货上（最初的提议包括新鲜农产品，但后来放弃了）。不过从技术上讲，还有许多问题需要克服，需要投入大量资金进行研发。从 2012 年的初步讨论开始，该项目花了 5 年时间才向公众推出。概念上和实践上的挑战似乎无穷无尽，因为人们很快意识到，用计算机和相机来模拟和跟踪人类行为和环境变化的变量是多么困难。开发人员必须考虑照明条件、服装、犹豫举止、看起来像产品的物体、产品破损、产品大小的变化以及许多其他因素。例如，有些购物者会带着孩子，而小孩子本身的行为具有不确定和不理智性，所以需要通过大量额外的数字分析，区分购物者真正的有意义的购物行为。贝佐斯在西雅图的一个仓库里建造了测试店，迫不及待地进行测试，在场的开发团队成员都非常紧张。他得到的反馈主要是客户体验的流畅度需要进一步提高。

亚马逊无人超市的诞生并不容易。第一家商店于2016年12月开业，但只对亚马逊员工开放，因此该系统可以在几周后向公众推出之前进行测试和验证。然而，由于内部问题较为严重，第一家公共商店到2018年1月才能正式营业。当它在世人面前亮相后，媒体被这个新概念震惊了。当时人们的反应不一，有的为这种新形式的自由购物感到高兴，有些人则感到沮丧，因为这种技术在未来将导致收银员被淘汰。不过亚马逊回应了这种担忧，他们称商店员工仍然是商店体验的重要组成部分。随着"拿了就走"自动结账技术的应用，亚马逊改变了商店员工安排工作时间的方式，以便专注于改善客户体验的活动，比如，整理库存或在门口迎接客户。

根据彭博社2018年的一篇文章，亚马逊的目标是在未来

3年内开设数千家亚马逊无人超市，尽管这一说法尚未得到贝佐斯本人的证实。截至2021年3月，已有20多家亚马逊无人超市运营。在项目研发上投入了过多的时间和金钱，这可能是贝佐斯一个最为失败的策略。但如果我们问从亚马逊和贝佐斯身上学到了什么，那就是时间的流逝和市场或技术的后期成熟会扭转乾坤，所以我们拭目以待。亚马逊无人超市也不是该公司唯一的连锁店。2015年11月，亚马逊开设了第一家亚马逊书店（还是在西雅图），出售亚马逊畅销图书和亚马逊电子设备。（然而，在2022年3月，亚马逊宣布关闭所有这些门店）2007年，它在美国开设了杂货配送服务亚马逊生鲜（Amazon Fresh），此后又在美国和英国开设了名为JWO的实体店，其中一些店使用了JWO技术。（只有部分美国亚马逊生鲜店使用JWO技术，但所有国际商店都使用JWO技术。）真正令人震惊的是在2017年，亚马逊以超过130亿美元的价格收购了全食超市（Whole Foods Market），此举震动了整个食品杂货行业。在致股东的信中，贝佐斯详细阐述了亚马逊为拥有40年历史的全食超市带来的一些创新：降低热门产品和主食的价格；为Prime会员提供独家优惠，包括在指定城市下单两小时送货上门，以及使用Prime Rewards信用卡在全食超市购物可获得5%的优惠；在全食超市订购超过35美元的商品可免费提货；独家优惠，以及在全食超市所有特价商品（不含酒水）额外打九折。展望未来，亚马逊还为零售商提供了使用其 JWO 技术的能力，再次表明亚马逊将继续作为第三方零售商的平台。行业分析师以挑剔的眼光谨慎预测亚马逊未来可能会利用它通过全食超市收集的所有客户和产品数据。

到 21 世纪 20 年代初，亚马逊帝国又一次扩张版图，就像通过无休止的细胞分裂过程一样增长。但是随着亚马逊进入下一个 10 年，掌门人不再是贝佐斯本人了。

勇往直前

2021 年 2 月，贝佐斯宣布他将辞去亚马逊首席执行官一职，并于次年 7 月将这一职位移交给长期担任亚马逊高管的安迪·雅西。媒体对这一具有里程碑意义的事件的报道不可避免地达成共识：贝佐斯白手起家，创建了一家公司。当时他只是一个初出茅庐、满脸天真的年轻企业家，他创办的公司有 70% 的失败概率。而当他最终离开公司时，已然成为世人公认的世界首富，总净资产达 2030 亿美元。

贝佐斯并没有完全离开亚马逊。他持有亚马逊略高于 10% 的股份，是该公司最大的股东，而且他即将出任亚马逊执行董事长，再加上他对公司的文化影响，他对亚马逊的未来发展方向仍然有很大的发言权。话虽如此，到2021年，贝佐斯又对亚马逊之外的领域产生了浓厚的兴趣，引起世界的关注，特别是他的蓝色起源航天计划（见第六章），以及他通过"贝佐斯探险"公司（见第七章）开展的各种智力开发、科研和慈善活动，比如，收购《华盛顿邮报》。他在给员工的邮件中说道：

> 亚马逊的首席执行官责任重大，耗力费神。当你有这样的责任时，你很难把注意力放在其他事情上。作为执行董事长，我将继续参与亚马逊的重要计划，但也有时间和精力专注于"第一天"基金、贝佐斯地球基金、蓝色起源太空探索公司、《华盛顿邮报》和我的其他爱好。我从来没这么精力充沛过，这跟退休无关。

要知道，贝佐斯那时已经58岁了，但仍忙于一个要求很高的投资组合项目，这些投资组合会让大多数23岁的年轻人精疲力竭。无论他离开亚马逊的举动意味着什么，但肯定不会是退休。

在贝佐斯离开亚马逊之前，他的个人和职业都发生了很大变化。许多人都注意到他的身体变得健康——精瘦、健美、

健康——这是他自律的健康饮食和锻炼的结果。2017 年 7 月，
《男性健康》(*Men's Health*) 网站上刊登了一篇题为《亚马逊
CEO 杰夫·贝佐斯现在变健壮了》(*Amazon CEO Jeff Bezos Is
Now Buff; Internet Freaks Out*) 的文章，发布了"前后对比"
的照片，强调他从瘦弱的科技宅男到"身材好得不可思议"
的转变。贝佐斯的社交活动也比他成功初期多了很多，他经
常出现在红毯上，或者与名人、政治家、亿万富翁和其他成
功人士擦肩而过。

　　不过，贝佐斯个人生活中最大的变化之一发生在 2019 年
1 月，当时贝佐斯宣布他和结婚 25 年的妻子麦肯齐申请离婚。
第二天，《国家询问报》(*the National Enquirer*) 刊登了一个
关于贝佐斯和劳伦·桑切斯 (Lauren Sánchez) 的长篇报道，
劳伦·桑切斯是一位美丽而高调的娱乐记者、新闻主播和女
商人。贝佐斯从 2018 年开始和桑切斯约会，而桑切斯也是
已婚人士 [她嫁给了人才经纪公司高管帕特里克·怀特塞尔
(Patrick Whitesell)]，同年，《国家询问报》开始深入调查这个
故事。这出个人闹剧在第二年变得人尽皆知，布拉德·斯通
在他的《万能商店》(*The Everything Store*) 的后续作品《亚
马逊脱缰》(*Amazon Unbound*) 中详细讲述了整个故事，但随
后展开的法律和政治闹剧更值得一提，毕竟贝佐斯的个人生
活能够吸引全世界的注意力。(第七章更详细地讲述了这个故

事）麦肯齐凭借自己的能力继续取得成功，据媒体报道，她和贝佐斯的离婚协议使她成了世界第三富有的女人（后来，她将大部分财产都用于了慈善事业）。

JEFF BEZOS

第六章
伟大旅程：蓝色起源

2021 年 7 月 20 日，杰夫·贝佐斯 21 年前创立的蓝色起源太空公司发布了一篇新闻稿，讲述了其太空飞行史和贝佐斯个人生活中的一件重大事件。

蓝色起源公司成功实现了"新谢泼德"号火箭的首次载人飞行，机上有 4 名普通公民。宇航员包括杰夫·贝佐斯、马克·贝佐斯（Mark Bezos）、沃利·芬克（Wally Funk）和奥利弗·戴曼（Oliver Daemen），他们都在通过国际公认的太空边界卡门线后正式成为宇航员。宇航员着陆后，他们的家人和蓝色起源公司的地面运营团队在得克萨斯州西部沙漠举行了庆祝活动。

这是"新谢泼德"号上的第一天。82 岁的美国资深飞行员沃利·芬克是有史以来进入太空的最年长的人。相比之下，18 岁的荷兰公民奥利弗·戴曼是进入太空的最年轻的人，也

是第一个乘坐"新谢泼德"号飞行的客户——他买了一张票，
乘坐私人太空飞行器飞行，由私人太空设施发射。与此同时，
杰夫·贝佐斯和马克·贝佐斯是太空探索中第一对一起进行
联合太空飞行的兄弟。最重要的是杰夫·贝佐斯这个从小梦
想成为宇航员的男人已经冲出了地球的大气层，进入了遥远
的黑漆漆的太空。令人难以置信的是，他在自己的太空公司
建造的宇宙飞船里做到了这一点，该飞船由他自己出资，并
根据他自己对地球以外未来的设想进行研发。在成功返航后
举办的新闻发布会上，贝佐斯戴着一顶标志性的牛仔帽，认
真思考了这次任务的意义，同时也告诉世人：这不是一次满
足个人虚荣心的发射，而是通往未来的伟大旅程的开始。

　　实践能让你变得更好……现在我们有一个任务，
我们认为一个飞行器的飞行次数一般在 25 到 100 次之
间。我们想让它更接近 100 次，而不是 25 次。一旦它
接近 100 次，我们就会让它超过 100 次。这就是提升
操作可用性的方法。必须记住，做大事要从小事做起。
当我们坐在停机坪上等待起飞时，我告诉团队成员：
"伙计们，当我们进入太空时，我们的肾上腺素会飙
升，我们会无比兴奋新奇，但是，请大家花一分钟或
者几秒钟来看看外面，冷静下来想一想我们正在做的

2021 年 7 月 20 日，蓝色起源公司的第一批人类飞行机组人员在"新谢泼德"号助推器旁边的着陆台上庆祝。从左至右分别为：奥利弗·戴曼、杰夫·贝佐斯、沃利·芬克、马克·贝佐斯

事情不仅仅是一次冒险。它的确很刺激，很有趣，但
它也很重要，因为我们迈出了一个伟大征程的第一步。"

"新谢泼德"号的发射确实是"伟大征程的第一步"，是
太空探索新时代的开始。几十年来，在美国，太空飞行几
乎只属于美国宇航局这个庞大的政府实体的职权范围。现
在，贝佐斯———一个独立的人类个体，地球上最富有的一个
人———用自己的钱、设备、员工和创新技术，在太空探索中
占据了一席之地。对贝佐斯来说，尽管他在地球上取得了这
么多成就，但地球已不够他大展拳脚了。

发射台

贝佐斯于 2000 年创立了蓝色起源公司。贝佐斯能做到
这一点就足以反映出他乐观的精神和过人的智慧，因为当时
他的工作肯定是非常繁忙，还要应对互联网行业带来的财务
危机。该公司在西雅图设立了总部，尼尔·唐恩·斯蒂芬森
（Neal Town Stephenson）就是第一批员工中的一员，同时也是
支持贝佐斯成立这家公司的人。斯蒂芬森是一位成功的小说
家，创作过科幻小说、历史小说和其他类型的小说，同时也
是一位科学技术专家。其他人也慢慢加入进来，这些人都是

航天领域内的尖端人才，他们可以帮助贝佐斯突破太空旅行的传统模式。航天工程师罗布·梅尔森就是新进人才之一，他是航天发射系统方面的专家，被聘为公司工程开发团队成员，并于 2003 年被任命为总裁。

在智囊团队充满活力的工作氛围中，贝佐斯和他的团队自由思考，设想太空探索的新时代。贝佐斯最关注的是载人航天飞行必须实现全新的效率框架，如果它不再是用由政府支持的设施进行断断续续地发射，那么每次发射就都伴随着巨大的成本，运行周期缓慢，并且大量损失一次性的太空组件（如发动机和助推器）。贝佐斯希望打造真正可重复使用的宇宙飞船，有一天，它能够像商用喷气式飞机一样往返太空。所有的想法都已经摆在明面上。

蓝色起源公司成立之初并没有大张旗鼓，多年来这个项目一直隐藏在公众视野之外。但除了对太空探索，贝佐斯还开始采取了一些实际措施。2003—2004 年，他开始在得克萨斯州西部购买土地，悄悄地收购牧场和其他沙漠土地，最终他拥有了约 29 万英亩（约 1173.6 平方千米）的露天干旱土地。土地是通过律师以代号购买的，目的是保护他的新投资不受公众关注。这片土地最终被建成了一号发射地——距离范霍恩镇约 40 千米，专门用于发射蓝色起源公司的飞船。后来这件事开始为人所知，主要是因为调查记者布拉德·斯通

（他后来写了两篇关于贝佐斯和亚马逊的全面研究报告）的报道。2003 年，在蓝色起源公司注册办公室外的垃圾箱里发现了一些所谓的线索后，斯通在《新闻周刊》（Newsweek）上发表了一篇题为《贝佐斯在太空》（Bezos in Space）的文章。它揭示了蓝色起源公司的核心要素——在太空中创建持久人类定居地；建造可重复使用以及具有垂直起降功能的"新谢泼德"号飞船；研发空间发射新技术；让游客进入太空航行。新宇宙飞船的名字引起了人们的共鸣。它是以艾伦·谢泼德（Alan Shepard）的名字命名的，他是美国宇航局水星计划中进入太空的第一个美国人；他还参与了阿波罗计划，1971 年作为阿波罗 14 号的指挥官在月球上行走。显然，贝佐斯是在向他心中的一些英雄致敬。

在本书撰写期间，斯通找到了贝佐斯，向他确认一些细节。斯通还问了一个问题：贝佐斯研发私人太空飞行是否是因为对美国宇航局的发展速度感到失望？贝佐斯通过他的黑莓手机回复说，他这么做绝不是贬低美国宇航局的付出，他就是站在美国宇航局的飞船、工程师、项目和宇航员这些巨人的肩膀上的。他还指出，对于蓝色起源公司来说，这还是初级阶段，到目前为止还没有实施实质性措施。

2005 年左右，关于蓝色起源公司和贝佐斯参与太空飞行的新闻开始逐渐浮出水面。但在这个阶段，贝佐斯不再是唯一一个进军私人太空探索领域的亿万富翁。例如，埃隆·马斯克（Elon Musk）在 2002 年创立了太空探索技术公司（SpaceX），其长期目标是降低太空运输成本，最终目标是前往火星开始殖民。理查德·布兰森（Richard Branson）于 2004 年成立了维珍银河，同样致力于发展商业航天和太空旅游。值得一提的是，马斯克和贝佐斯曾在 2004 年共进晚餐，讨论他们的太空建设并分享想法。克里斯蒂安·达文波特（Christian Davenport）在他的《太空大亨：埃隆·马斯克、杰夫·贝佐斯和殖民宇宙的探索》（*The Space Barons: Elon Musk, Jeff Bezos, and the Quest to Colonize the Cosmos*）一书中描述了他们在吃饭时如何讨论火箭结构，马斯克质疑贝佐斯的一些技术策略，认为太空探索技术公司已经尝试过了，它们不可能成功。马斯克还指出，这一建议"受到了无情的忽视"。

发射速度

不久之后，蓝色起源太空计划开始启动。第一个机载系统是飞行测试载具卡戎（Charon，以冥王星的一颗卫星命名），用于测试和分析自主制导和控制系统。这架飞机由 4 台罗尔斯 - 罗伊斯蝰蛇喷气发动机提供动力，在外行人看来，它就像是废弃脚手架和火箭动力床架的混合体，2005 年 3 月 5

日从华盛顿摩西湖起飞，飞行高度仅为 96 米。

下一辆测试载具是戈达德（Goddard），是"新谢泼德"号的第一辆研制车。戈达德于 2006 年 11 月 13 日在一号发射场首次升空，爬升约 10 秒至 85 米，然后垂直下降，在着陆腿上进行受控垂直着陆。不久之后，贝佐斯公开了蓝色起源项目。在公司于 2007 年 1 月 2 日发布的新闻稿中，他进行了简单地说明。

我们的第一个目标是开发"新谢泼德"号飞船，这是一种垂直起飞和降落的飞行器，旨在将少数宇航员送入太空进行亚轨道旅行。2006 年 11 月 13 日上午，"戈达德"号发射并着陆，这是"新谢泼德"项目研发的首个飞行器。这次发射很有价值而且非常有趣。许多朋友和家人都来观看发射，为研发团队助威。

这段话之后的段落特别有趣，贝佐斯仿佛意识到股东和商业合作伙伴都期待着看到他仍然专注于亚马逊的事业，他同时也看到了一个营销机会。

顺便一提，本网站的所有图片和视频都由亚马逊的简单存储服务提供。S3 提供了一个简单的网络服务

接口，可以从网络的任何地方存储和检索数据。这里
有亚马逊用于运行自己网站的可扩展数据存储基础设
备，任何软件开发人员都可以直接访问。如果您感兴
趣，欢迎登录 aws.amazon.com 网站了解更多信息。
（是的，这是对 AWS 的简单推销，现在让我们回到火
箭上来。）

贝佐斯对亚马逊的宣传其实与蓝色起源项目没有什么关
系，但亚马逊的存在和发展，以及贝佐斯从亚马逊获得的个
人财富，都是他实现太空冒险梦想的基础。当亚马逊开始创
设测试车辆时，蓝色起源公司就已经是一个大型企业了，拥
有大量的员工，公司进行研发预算，使用高科技技术生产制
造产品，开发软件和成本不断攀升。到 2014 年 5 月，蓝色起
源公司拥有 450 名员工，4 年后增长到了 2000 人。贝佐斯基
本上是通过销售他的个人股票和自己投资来推动蓝色起源公
司的发展的。到 2014 年 7 月，贝佐斯已将自己的财富中的 5
亿多美元投入蓝色起源公司，到 2017 年，他每年在太空方面
的支出为 10 亿美元。

但是还有很多工作要做，很多事情要考虑，所以需要每
一美元都要用在刀刃上。投资和创新都主要集中在引擎设计
上，因为贝佐斯希望开发一种新型的低成本动力装置。2015

年 4 月 29 日是该计划的关键时刻，当时"新谢泼德"号进行了第一次亚轨道发展试飞，爬升到 93.5 千米的高度。这次任务基本成功，虽说推进模块在下降过程中丢失了——为了实现航天器可重复使用的目的，航天器必须完整无损地安全返回地球，并且为再次发射节约周转时间。第二次发射是在同年 11 月 23 日，贝佐斯对发射结果的热情在新闻发布会中表现得淋漓尽致。

> 蓝色起源创始人贝佐斯说："现在我们位于得克萨斯州西部的发射场藏着一只真正的野兽——一枚二手火箭。蓝色起源的可重复使用的'新谢泼德'号太空飞行器完成了一次完美的飞行任务——飞升到 329839 英尺（约 100.5 千米）的高空，然后在时速 119 英里（约 191.5 千米）的高空侧风中返回，在距离发射台中心仅 4.5 英尺（约 1.37 米）的地方缓慢平稳着陆。重复利用太空飞行器会改变游戏规则，我们迫不及待地想再次加油飞行。"

他不需要等太久。此外，他还进行了多次成功的试射——仅 2016 年就进行了 3 次。

该计划开始后进行了 15 次试飞，2021 年 7 月，"新谢泼德"号宇宙飞船将第一批乘客送入太空，其中就包括贝佐斯本人。这对他本人和他的太空计划来说都是一个重要的时刻。但这绝不是蓝色起源公司的巅峰——在年底前，"新谢泼德"号又完成了两次载人飞行任务。10月13日，其中一艘飞船的4人机组成员中有一位特殊的乘客——演员威廉·夏特纳（William Shatner），他对贝佐斯和整整美国一代中年人来说是《星际迷航》系列的真正代言人，"企业号"宇宙飞船的詹姆斯·T.柯克（James T. Kirk）船长。夏特纳本人在谈到被选中参加这次任务时说："我对外太空早已心驰神往。现在，我有这个机会亲眼看见，这真是一个奇迹。"夏特纳的到来还

2019年5月2日，"新谢泼德"号助推器在成功执行太空任务后降落在西得克萨斯沙漠，充分体现了贝佐斯对航天飞行器可重复使用性的关注

为蓝色起源公司创下了另一项新纪录——90岁的他是迄今为止进入太空最年长的人。机上还有蓝色起源公司的任务和飞行运营副总裁奥德丽·鲍尔斯（Audrey Powers），她是一名工程师、飞行员和前美国宇航局的飞行控制员；格伦·德·弗里斯（Glen de Vries），临床试验软件公司Medidata Solutions的首席执行官和联合创始人以及达索系统公司生命科学和医疗保健部副主席；还有地球成像公司行星（Planet）的联合创始人克里斯·博水森（Chris Boshuizen）。不过，德·弗里斯和博水森都是自掏腰包乘坐"新谢泼德"号的。（不幸的是，德·弗里斯在进入太空4周后，在一次轻型飞机坠毁中丧生）。事实上，蓝色起源公司在关于NS-18任务的新闻稿中将德·弗里斯和博水森称为"我们的两位客户"。蓝色起源公司表示，定期商业航天是一个可实现的雄心壮志，特别是因为"新谢泼德"号项目承诺过，普通公民可以作为付费客户进入太空。而按照以往的传统，能够进入太空的只有精英中的精英，大多数是前军事飞行员和太空科学家，他们设法通过严格的多年训练，才有资格成为宇航员。贝佐斯又一次打破了传统模式和惯例，一如既往地坚守他的原则——把客户放在中心位置。

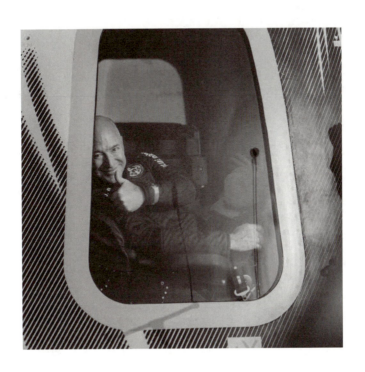

2021 年 7 月 20 日，宇航员杰夫·贝佐斯返回地球后，显然对这趟乘坐自己的太空飞行器进入太空的旅程十分满意，他竖起了大拇指表示赞赏

继续探索

在撰写本书时，也就是 2022 年的头几个月，蓝色起源项目的下一个重要目标是发射首个"新格伦"号（New Glenn）可重复使用运载火箭。虽然"新谢泼德"号现在已经定期演

示亚轨道飞行，但这实际上只是扩大发展计划的第一步，它旨在超越地球进入更深的空间。"新格伦"号以美国宇航局宇航员约翰·格伦（John Glenn）的名字命名，它是一种重型轨道运载火箭，其开发始于2012年。运载火箭是一种通用火箭，作用是将有效载荷（例如其他航天器、机器人漫游器、着陆器、卫星、科学设备）提升到地球轨道或更远的地方，它们根据其低地球轨道有效载荷能力进行分类——小升力、中升力、重升力和超重升力。重型运载火箭能够承担20～50吨的有效载荷。它是两级火箭，高度为98米，直径为7米。

像"新谢泼德"号一样，"新格伦"号的建造也以实现重复使用为核心需求。第一级配备了7台可节流BE-4液氧/液化天然气发动机，旨在将航天器送入轨道，随后两级分离，第二级继续向前输送有效载荷，然后在地球引力的牵引下返回地球，在重新进入地球大气层时燃烧。第一级的建造至少可重复使用执行25次任务，这在太空探索史上都是闻所未闻的。它返回地球的方式与"新谢泼德"号大致相同，不过最后是在水面上进行的。它的第一级在一艘大型回收船的平甲板上进行自主控制的垂直着陆。

从逻辑上讲，"新格伦"号是贝佐斯在太空建立聚居地梦想的进一步升级——要做到这一点，就需要一个能够定期将人员和有效载荷送入太空的运载火箭。同时"新格伦"号也体现了贝佐斯极具商业头脑的竞争意识——毕竟，太空正在迅速成为未来的新兴市场。蓝色起源公司对"新格伦"号的宣传主要集中在其对"民用、商业和国家安全客户"的应用方面，特别强调该系统的成本效益和"高可用性"。直径 7 米的整流罩所提供的有效载荷尺寸为高端客户节约成本，蓝色起源公司称其"有效载荷是任何现有运载火箭的两倍"，这意味着客户可以通过批量输出获得更高的成本回报。此外，高可用性不仅需要系统可靠，同时也需要"能够在 95% 的天气条件下发射和着陆"，以及加快其可重复使用的火箭的运转周期，该公司希望实现每年 8 次飞行任务的计划。

节约成本、可靠性和速度——这些都是贝佐斯掌管亚马逊时的原则。现在，蓝色起源公司也靠此原则赢得了客户，客户主要来自商业通信卫星领域。截至 2019 年，欧洲通信卫星公司（Eutelsat）、穆宇航天公司（mu Space Corp）、天美 JSAT 集团（SKY Perfect JSAT Group）、一网公司（OneWeb）和卫星通信公司（Telesat）均与蓝色起源公司签署了卫星发射服务合同；其中几个公司承诺签订多次发射协议。

如你所见，贝佐斯在进入任何领域时都倾向于颠覆传统的定价和服务模式，太空载荷发射也不例外。2018 年 7 月，蓝色起源公司前商务总监特德·麦克法兰（Ted McFarland）宣布了最重要的报价之一。他表示，"新格伦"号执行的前 5

次任务将每次携带一个单独客户的有效载荷，但从第 6 次飞行开始，航天器将允许使用"双倍载荷"，即在同一任务中携带满足运载两个客户的有效载荷，发射所花的费用由两个客户均摊，从而降低每个客户的成本。麦克法兰进一步重申了以客户为中心的理念，他解释说，如果其中一个客户无法按时进行，那么蓝色起源公司仍然会按照原定日期为另一个客户发射火箭，而不会增加任何费用。"新格伦"号从一开始就被设定为卫星发射的竞争对手，特别是在体积和灵活性上优于其他主要的卫星部署工具，比如，阿丽亚娜空间公司的"阿丽亚娜 5 号"、国际发射服务公司的"质子号"和太空探索技术公司的"猎鹰 9 号"。贝佐斯已经做好了充分的准备，可以承受短期的损失，只要客户能得到良好的服务。

竞标纠纷

除了商业领域，蓝色起源公司还参与了政府协议的竞标。贝佐斯发现自己处于竞争漩涡之中，对手是太空探索技术公司创始人兼首席执行官埃隆·马斯克，他在 2004 年对他的航天计划提出了负面评价。在蓝色起源公司的许多核心市场，太空探索技术公司在意识形态上和商业上都是势均力敌的竞争对手，合同招标过程有时会演变成严重的纠纷。蓝色起源公司获得第一份主要政府合同是在 2018 年，该公司宣布与美国空军签署了发射服务协议（LSA），建立合作伙伴关系，利用"新格伦"号执行国家安全空间（NSS）任务。该合同实际上是为研发发射系统原型而签订的 3 个合同中的 1 个，诺斯罗普·格鲁曼创新系统公司和联合发射研发联盟同蓝色起源公司一样都签订了该合同。这些合同的总价值为 20 亿美元，其中 5 亿美元归蓝色起源公司所有——贝佐斯现在不再完全从自己的积蓄中为蓝色起源公司提供资金了。桑德拉·欧文（Sandra Erwin）在文章《空军授予蓝色起源公司、诺斯罗普·格鲁曼、联合发射联盟运载火箭开发合同》（*Air Force awards launch vehicle development contracts to Blue Origin, Northrop Grumman, ULA*）中指出，"太空探索技术公司此前曾获得过 LSA 奖励，但这次没有入选。不过，五角大楼官员表示，太空探索技术公司仍有资格竞标美国空军未来的发射项目合同。"欧文指出，美国空军实际上无法确认太空探索技术公司是否参与了竞标，但考虑到该公司此前参与了美国空军的竞标，便推测它这次很可能也参与了竞标。

说到竞标战，贝佐斯并不是每次都能获得胜利。2020 年 4 月，蓝色起源公司参与美国宇航局阿尔忒弥斯（Artemis）计划，该计划的目的是在 2024 年前将宇航员送回月球表面。蓝色起源公司从美国宇航局获得 5.79 亿美元资金用于研发月

球着陆器。研发工作是人类着陆系统（HLS）的一部分，是
阿尔忒弥斯计划中的一个子项目，蓝色起源公司并不是该项
目的唯一参与者——美国宇航局实际上签了 3 份 HLS 合作合
同，另外两个合作者是太空探索技术公司（获得 1.35 亿美元）
和 Dynetics（获得 2.53 亿美元）。此外，蓝色起源公司是这个
由多个合作者组成的"国家队"的负责人，其中包括洛克希
德·马丁（Lockheed Martin）公司、诺斯罗普·格鲁曼公司和
德雷珀（Draper）公司，以及美国 47 个州的其他 200 家中小
型供应商。从蓝色起源公司自己撰写的新闻稿来看，它显然
认为自己处于优势地位："这些公司通力合作共同制定了阿波
罗计划，建立了常规轨道货物运输渠道，开发了当今唯一的
载人月球飞船，并率先使用液氢/液氧飞行器进行行星精确
着陆。我们拟议的解决方案利用飞行传统方案和模块化技术
来规避风险，快速推进登月进程，并实现月球项目的可持续
运行。"然而，2021 年 4 月 16 日，美国宇航局宣布，登陆器
的未来工作已全部授予太空探索技术公司。

美国宇航局的决定立即引起了贝佐斯和蓝色起源公司的
不满和反击。4 月 26 日，蓝色起源公司向政府问责局（GAO）
提出了抗议。7 月 26 日，贝佐斯给美国宇航局局长比尔·尼
尔森（Bill Nelson）发了一封长篇公开信。他在信的开头阐述
了蓝色起源公司对 HLS 方法固有的可靠性，并引用了诸如可

持续性和降低风险设计的灵活性等因素。然后他谈到了令他心存不满的核心问题。

　　尽管这样做有好处，但在最后一刻，美国宇航局没有像最初计划的那样对两个性能相差无几的月球着陆器分别投资，而是把这个长达十年、投资数十亿美元的优势项目直接给了太空探索技术公司。这一决定打破了美国宇航局一贯成功的商业太空项目的模式，结束了未来几年意义非凡的竞争，无法使"国家队"的强大而丰富的供应资源优势得到发挥（而不是投资太空探索技术公司的垂直整合模式），并将每次月球之旅锁定为 10 次以上的超重型 / 星际飞船发射，只是为了将一个着陆器送达月球表面。美国宇航局自己承认把重返月球的赌注压在了某一种解决方案上，这种解决方案非常复杂，风险也更高，因为执行前端所需的准备工作非常多，并且伴有操作进度延迟的风险。

　　美国宇航局应该坚持其原有的竞争战略，而不是采用这种单一方法。竞争可以避免美国宇航局面对单一选择造成的不可抗力。如果没有竞争，在短时间内签订合同，美国宇航局将会发现在针对最后期限超时、改变设计方案和成本超支进行谈判时，他们的选择范围非常有限。如果没有竞争，美国宇航局的短期和长期探月计划将被推迟，最终将花费更多资金，这不符合国家利益。

从中我们可以窥见贝佐斯的世界观。从 1945 年第二次世界大战结束到 21 世纪初"太空大亨"崛起的航天史上，竞争的主要层次存在于竞争国家之间，尤其是冷战期间美国和苏联这两个超级大国之间。然而，在美国和苏联国家内部并没有真正的竞争。但在商业太空探索和航天供应的新环境中，贝佐斯认为竞争是推动发展和快速创新的最佳条件，并抵御陷入僵化的低效率和低性价比的压力。尽管贝佐斯和亚马逊被指责垄断了某些市场，但对贝佐斯来说，他们的公司在竞争领域取得成功后，依然保持竞争优势，避免滋生自满情绪从而被后来者赶超。这么一步步走来，占据市场的主导地位实属水到渠成。

贝佐斯对太空探索技术公司的特殊优待提出了一些更具体的反对意见，声称只有太空探索技术公司有机会修改价格和融资结构，而蓝色起源公司没有。他还以一种更为缓和的方式主动提出了几项优厚的创新举措，希望让蓝色起源公司重新回归项目，包括：

- 通过"免除政府当前和未来两个财政年度最高 20 亿美元的款项，使该项目立即回到正轨"，弥合 HLS 预算资金缺口。
- 蓝色起源公司自掏腰包，负责开发月球着陆器的下降部件。
- 接受固定价格的工作合同，从而保护美国宇航局免受项目超支成本的影响。

这封信语气和内容清楚地表明，贝佐斯个人对美国宇航局这一决定有多么难以置信。但在 2021 年 11 月，美国宇航局被告知美国联邦索赔法院驳回了蓝色起源公司的抗议，因此美国宇航局重新与太空探索技术公司合作以完成 HLS 计划。针对贝佐斯对美国宇航局制造非竞争环境的反对意见，美国宇航局 11 月 4 日的新闻稿补充说，"除了这份合同，美国宇航局继续与多家美国公司合作以加强竞争，并为载人月球表面运输做好商业准备。根据美国宇航局的阿尔忒弥斯计划，企业将有机会与美国宇航局合作，实施人类在月球上长期居住的计划，包括在 2022 年呼吁美国工业界提供常态化的载人登月服务。"

考虑到建立太空计划所付出的巨大努力和成本，在这个节骨眼上，有必要暂停一下，更深入地反思一下贝佐斯为什么会进入太空（真正意图），又为什么会执着于太空事业。

渐有起色

贝佐斯决定将自己的时间、金钱和精力投入开发私人太空计划中，这其实是很狂妄的想法，因为这是国家的东西，而不是某个人雄心勃勃的个人物品，无论这个人多么富有。但回顾贝佐斯迄今为止的人生，就会发现他对太空和航天飞行的痴迷远比他后来的商业愿景持久得多。5 岁的贝佐斯在电视上观看"阿波罗 11 号"登月时，受到了特别的启发。他后来经常回忆起当时房间里的兴奋感，那种正在创造历史的感觉，以及他们亲眼看见的幸运感。《星际迷航》的故事充斥着他少年时代的闲暇时光，他成了科幻小说的狂热读者，暑假期间在当地图书馆阅读了数十本。在贝佐斯的童年和青少年时期，科技一直牢牢地占据着他的大脑，它与太空探索和天文学有着天然的协同作用。高中时，他写了一篇题目为《零重力对普通家蝇衰老率的影响》（ *The Effect of Zero Gravity on the Aging Rate of the Common Housefly* ）的文章，这篇文章足以让他获得参观亚拉巴马州亨茨维尔的美国宇航局马歇尔太空飞行中心的资格。我们还记得他在 1982 年 6 月 20 日的高中毕业演讲中畅谈他的梦想和信念，即未来在于围绕地球的巨大太空殖民地，将我们的星球变成一个"巨型国家公园"。贝佐斯最早的职业抱负之一是成为一名宇航员。

在 20 世纪 80 年代，贝佐斯的一个灵感至今仍在激励着他，那是来自普林斯顿物理学教授杰拉德·奥尼尔对未来的展望。在 20 世纪 70 年代，奥尼尔关于创建太空殖民地的具体步骤和人类这么做的原因的想法引起了公众的关注。他最重要的观点不是专注于在行星上建立这样的聚居地，而是在太空本身。奥尼尔在普林斯顿教书的时候，贝佐斯参与了奥尼尔举办的一些研讨会。他在那里学到的东西为他的太空雄心奠定了基础。如前所述，贝佐斯还成了太空探索和发展学生组织普林斯顿分会的主席。

许多青少年和许多成年人都会对太空表现出强烈的兴趣，但绝大多数人也仅仅止于兴趣的范畴，只有极少数幸运的人可能会在太空相关行业从事职业。少数精英为了成为宇航员而经历了无数的考验。贝佐斯长期迷恋太空，而碰巧他又十分富有。但是如果把贝佐斯描绘成一个无聊的亿万富翁，手里有大把的时间和金钱，探索太空只是出于好奇心，那就过于草率了。事实远非如此。贝佐斯对他的太空事业态度严谨、一丝不苟，正如他的弟弟马克·贝佐斯在 2017 年对他所说："你一生都热爱太空，太空对你来说，不仅仅只是玩玩而已。"贝佐斯认真地回答道："当然不是！"2019 年 5 月 9 日，贝佐斯在华盛顿特区举行的蓝色起源项目揭幕仪式上发表了演讲，他在开场白中引入了核心理念："蓝色起源是我正在做的最重要的工作。我充满信心，理由很简单，毕竟地球是最好的星球。"贝佐斯的演讲不仅体现了他对太空的看法，也体现出他如何看待物理世界以及自己在其中的位置。

"地球是最好的星球"是贝佐斯的说法。虽然许多科幻作家和一些太空科学家都在考虑在其他星球上建立大规模聚居地的可能性，但贝佐斯认为，考虑到其他星球的恶劣环境，这是不可能的。即使是太阳系中相对来说最温和的行星——火星，也是完全不适合人类生活的。贝佐斯对其他行星的确另有打算（我们很快就会回到这个问题上），但当涉及一般生活的适宜条件时，这些行星就不可信了。但正如贝佐斯所说，地球有一个最大的难题：它的资源是有限的。他用数学证实了能源耗尽的必然性，虽然家电和能源生产的效率取得了惊人进步，但根据每年3%的全球能源使用复合增长率，我们最终会将能源耗尽。事实上，贝佐斯指出，我们在能源效率上的不断飞跃可能是问题的一部分，因为廉价能源极大地加速消耗能源的电器、工业和生活方式，这反过来又加速了整体能源的消耗。可再生能源也不是正解——贝佐斯表示，在200年的时间里，按照目前的能源复合增长速度，我们必须用太阳能电池板覆盖整个地球才能产生足够的电力。如果没有任何改变，地球的未来将终结于能源枯竭和资源配给负担过重。

"那么我们还能做什么呢？"贝佐斯在2019年的演讲中问道。他的回答与奥尼尔早期的构想如出一辙，"如果我们将这个想法付诸实践，这些奥尼尔聚居地，它会把我们带往何方？这对地球意味着什么？地球最终会被划分为居住区和轻工业区。那将是一个美丽的地方，那将是一个值得参观的美丽地方，可以去上大学，可以建立一些轻工业。但是，地球上不允许存在污染环境的工业和破坏地球的行为。我们要保护这个独一无二的星球，它是独一无二、无可替代的。"他指出，通往这个构想的两扇大门分别是：从根本上降低发射成本以及使用太空资源。

贝佐斯又紧接着说，他无法判断这些聚居地能否成功建成，他也没有这样的机会，因为这样的计划在技术上实现需要几代人的时间和努力。但为了堵住批评者的嘴巴，他认为现在开始这项工作至关重要，因为它具有极为深远的意义。人类通常为获得短期的利益，不惜以面对未来长期存在的危机为代价。这种做法必须加以纠正，而这正是贝佐斯最为擅长的。

蓝色起源公司的座右铭也充分体现了贝佐斯的思想理念，这个座右铭是"一步一步，勇往直前"（Gradatim Ferociter），语言简洁有力，同时表达出极强的耐心和紧迫感。显然，贝佐斯认为蓝色起源公司的发展理念不同于他之前推崇的急速扩展商业版图的主张。目前，蓝色起源公司的使命宣言是这样的：

> 我们不是在竞赛。在人类前往太空造福地球的过程中，很多人会参与进来。蓝色起源公司在这次旅程中的任务，是用我们可重复使用的运载火箭修建一条通往太空的道路，这样我们的孩子就可以创造未来。我们将脚踏实地地一步一步前进，走捷径会让我们更快地实现目标是一种错误的认知。慢则顺，顺则快（Slow is smooth, smooth is fast）。

这段的最后一句话借鉴了美国海军海豹突击队的格言。贝佐斯创立亚马逊一路走来，心浮气躁，经历多次的失败，发展的速度不具备可持续性。显然，太空探索的过程体现了更深思熟虑和可持续的计划。贝佐斯在 2021 年完成首次太空飞行后的新闻发布会上进一步阐明了蓝色起源计划所坚守的渐进主义，以及他目前从事的工作和他创立亚马逊之间的关系。

> 我知道那是什么感觉。30 年前，差不多 30 年前，我在亚马逊就是这样。大事始于小事。但你能知道，你能知道什么时候你该做什么事，这很重要。我们要

建造一条通往太空的道路，这样我们的孩子和他们的
孩子就可以创造未来。我们需要这样做。我们需要这
样做来解决地球上的问题，这不是逃离地球。每次我
读到有人想逃离地球的文章，我强烈建议他们绝对不
要这么做，不要这么做，不要这么做。地球可是太阳
系里唯一的适合人类生存行星啊。

毕竟太空探索与经营电子商务和数字服务公司之间存在
着绝对差距，贝佐斯硬要将自己创办亚马逊的经历与创办蓝
色起源公司的经历联系起来可能有些勉强。但最近出现的这
些太空大亨带来的革命性突破，是因为他们将创业商业模式
应用到以前相当孤立的科学和工程领域。在 2019 年的演讲中，
贝佐斯解释了他对蓝色起源公司正在设计的航天器类型的思
考，以及这些变化可以给太空探索带来的转变。例如，"新谢
泼德"号飞船和"新格伦"号飞船的重复利用功能意味着航天
器可以进行定期地飞行，只需在飞行空闲时间内进行几次翻新
即可。多次定期飞行意味着宇航员和工程师都要有更丰富的经
验，也意味着有能力运送更多的人和货物。更多的经验意味
着更高的效率和更高的安全性，这也等同于为运营商和付费
客户节约成本。所有这些改进都意味着太空旅行变得"常态
化"，不再是罕见和重大事件，而且中间有很多停工修整期。

我们可以再次回顾贝佐斯在亚马逊上极为推崇的"良性飞轮"原则，然后将其应用在另一个领域，即服务改进和客户体验之间的周期性运动，随着时间的推移不断积累能量和规模。贝佐斯把这个过程比作为选择外科手术医生——你想要的一定是一个每周都在定期练习和提高技术的外科医生，而不是一个只是偶尔做手术的医生。

2019 年 5 月 9 日，贝佐斯与蓝色起源未来俱乐部基金会的创始成员合影。该基金会的使命是"激励后代在科学、技术、工程、数学（STEM）领域开创事业，并建设太空生活美好的未来"

与在亚马逊时一样，贝佐斯发展航天事业的另一个理念是，技术创新是一种变革的力量，打破模式，发现新机遇。

例如，他在 2019 年的演讲中特别强调蓝色起源公司在发动机推进剂方面的创新，特别是液态氢的使用，"这是性能最高的火箭燃料，但也是最难处理的"。在"新谢泼德"计划中研发的第一个液氢发动机是 BE-3，它在全功率下可产生 490 千牛的惊人推力，但可以节流到只有 110 千牛，使"新谢泼德"号飞船能够进行可控的垂直降落。BE-3 火箭发动机作为第一个里程碑式创新诞生于 2013 年，但用于不同操作参数和航天器的其他发动机已经被投入蓝色起源计划。BE-4 是一种更强大的液氧 / 液化天然气火箭发动机，蓝色起源公司将其用于建造"新格伦"号火箭以及联合发射联盟的火神半人马（Vulcan Centaur）两级入轨重型运载工具。还有 BE-7，一种正在研发的发动机，用于蓝色起源公司的"蓝月亮"月球登陆器。我们这里关心的不是每种类型的发动机的技术问题，但对贝佐斯来说，在发动机中使用液化天然气很重要，不仅是在性能方面，在成本方面也是如此："液化天然气非常便宜。即使'新格伦'号上有数百万磅的推进剂，但燃料和氧化剂的成本不到 100 万美元，这在这一系列开支中显得微不足道。"贝佐斯认识到，对蓝色起源公司来说，成本管理不是一个次要的外围因素，即使在一个以数十亿美元为交易单位的环境中也是如此。相反，严格和可扩展的成本模型是未来太空飞行可行性的核心。

贝佐斯在演讲中提出的最后一点是关于"太空资源"的

来源、用于建造太空殖民地和制作燃油的原材料以及建设太空殖民地的地理位置。对贝佐斯来说，答案就是从地球上看到的夜空中最大的物体——月球。他解释说，月球两极环形山的冰中有水，通过电解，冰中的水可以转化为氢和氧，这样我们就有了两种可以用作航天器推进剂的元素。在距离和可操作性方面，月球也是最有优势的。它距离地球只有 3 天的距离，这意味着可以比较频繁地向月球发射飞船。（他还指出，往返火星任务需要在两次发射之间间隔 26 个月，这可能是在挖苦马斯克所关心的问题。）月球的引力是地球上的引力的六分之一，这有两个优点：第一，它有助于在建筑项目中更容易操纵非常重的物体；第二，从月球表面举起物体所需的能量要比从地球上举起物体少得多。

然而，为了顺利开展月球殖民工作，贝佐斯认识到，"月球也需要基础设施"。因此，在 2019 年 5 月的演讲上，贝佐斯自豪地展示了"蓝月亮"登陆器，后期他们将研发能运载货物和人类的登陆设备。蓝月亮网站预测，该着陆器系统将"使人类能够在月球上留下更多的印记"。这一设想直接来自贝佐斯的信念，即是时候回到月球了，这次是为了留下来。正如我们在本章前面指出的，对贝佐斯来说，地球资源已经不够用了。

去往何方

　　与他对未来太空殖民地重要性的观点相呼应，2021 年 10 月 25 日，蓝色起源公司发布了一份新闻稿，宣布蓝色起源公司和塞拉太空（Sierra Space）公司（一家位于科罗拉多州的太空公司，其网站口号是"给人类一个太空平台"）将合作开发低地球轨道空间站"轨道礁"，这是一个以商业化模式开发和运营的空间站。关于这个空间站的描述与奥尼尔勾勒的、贝佐斯接受的离岸生活的理想密切相关，同时严格遵守贝佐斯关于成本、效率和客户价值的规定。空间站被视为"太空混合用途商业园"，它"将为研究、工业、国际和商业客户提供他们所需的具有成本竞争力的端到端服务，包括太空运输和物流、太空居住、舱室设备和宇航员操作"。空间站采用模块化设计，可以扩展额外的客户单元，这种架构意味着空间站的设施规模随着市场需求的增长而扩大——飞轮在这里再次旋转起来。

　　正如新闻报道所指出的那样，建立"轨道礁"空间站并不是蓝色起源公司的独家项目。蓝色起源公司主要负责开发公用设施系统、大直径核心模块和可重复使用的重型发射系统，用于往返空间站。合作伙伴塞拉太空公司将提供大型集成柔性环境（LIFE）模块、节点模块，以及用于人员和货物运输的跑道着陆追梦者航天飞机。除了塞拉太空公司，参与该项目的其他团队成员还包括波音公司、红线空间公司、创世纪工程解决方案公司和亚利桑那州立大学。波音公司还将用他们的星际飞船进行地球和空间站之间的飞行，创世纪工程解决方案公司将为空间站外的操作提供单人飞船。美国宇航局正在为该项目提供资金，蓝色起源公司获得 1.3 亿美元，专门用于开发轨道礁；随着国际空间站（ISS）的使用寿命即将结束，"轨道礁"空间站很可能会取而代之——轨道礁财团预测它将在 21 世纪 20 年代的下半叶投入使用。

贝佐斯在蓝色起源公司工作时有一个关于亚马逊"柯伊伯计划"的小插曲，很有趣。柯伊伯项目是在 2019 年宣布的，当时贝佐斯仍牢牢掌控着亚马逊。这是一个雄心勃勃的计划：将大量的通信卫星（据报道为 3236 颗）发射到轨道上，在地球周围的高度在 590 至 630 千米之间。他们的目的是为"全球无服务和服务不足的社区提供低延迟、高速宽带连接"。"柯伊伯计划"是贝佐斯和马斯克之间持续竞争的产物，该计划初步投资超过 100 亿美元。 2019 年 6 月，亚马逊在拉斯维加斯举行了首届 re:MARS❶ 会议，这个会议是一个主要讨论有关技术和太空话题的论坛。会议期间，贝佐斯接受了亚马逊预测和容

---

❶ MARS 一词代表机器学习、自动化、机器人和太空。

量规划负责人珍妮·弗雷什沃特（Jenny Freshwater）的采访，
贝佐斯认为利用宽带互联网"服务全世界"的可能性是大势
所趋，他还称这非常接近未来地球上所有公民的"基本人类
需求"。采访被一名贸然闯到台上的动物权利保护者打断，随
后这个人被安全团队迅速带走。接下来，弗雷什沃特提出了
一个很有洞察力的问题，即亚马逊是否有一天会在月球上部
署运营中心。贝佐斯承认他从未考虑过这种可能性——但从
那时起，他无疑从中受到启发，开始考虑这种可能性。

历史重现

人们很容易产生这样的印象：贝佐斯的目光总是紧紧地
盯着未来的地平线，丢掉过去，不惜一切代价推进创新和进
步。但这并不是说贝佐斯对过去的荣耀和成就不感兴趣，他
非常地尊重人类在航天领域内付出的艰辛和所做的贡献。当
他谈到美国宇航局开创性的飞跃和史诗般的太空飞行时，他
的声音和语言中经常有一种敬畏之情。他认识到，在自己的
太空探索之旅中，他真正站在了前人的肩膀上。这一点在这
艘飞船的命名中就能体现出来。

正如我们所看到的，1969 年的"阿波罗 11 号"登月对童
年的他触动极大。2012 年的一天，当他坐在客厅里时，怀旧

之情汇聚成了一个雄心勃勃的新想法。同年 3 月 28 日，贝佐斯在"贝佐斯探险"公司（贝佐斯纯粹为了个人兴趣而建立的个人投资公司）网站的博客上发表了一篇文章，他在文章中讲述了他 5 岁时的经历如何激发他首次尝试水下考古。

数以百万计的人受到阿波罗计划的鼓舞。我 5 岁的时候在电视上看到"阿波罗 11 号"，毫无疑问，它极大地激发了我对科学、工程和探索的热情。大约一年前，我开始思考，如果和专业的海底研究团队合作，我们能否找到并有可能恢复人类登月任务的 F-1 发动机？

"阿波罗 11 号"于 1969 年 7 月 16 日协调世界时 13：32 从佛罗里达州梅里特岛的肯尼迪航天中心发射升空，开始了它在地球和月球之间 384400 千米的旅程。"阿波罗 11 号"通过三级"土星 5 号"火箭冲出地球大气层，发射高度超过自由女神像，重 280 万千克（620 万磅），约 400 头大象的重量。将这个怪物举起并加速的动力来自 5 台巨型洛克达因（Rocketdyne）F-1 发动机，在发射时共产生 3450 万牛的推力，5 台发动机每台都要消耗 2578 千克的氧化剂和燃料。从静止状态出发仅 30 秒后，整个飞船就达到了 1102 千米 / 小时的速度，而当它被推入轨道时，它的速度超过了 11.25 千米 / 秒。

在距离肯尼迪角约 61 千米的高度和约 88.5 千米远的位置"阿波罗 11 号"飞船的第一级分离后，强大的 F-1 发动机返回地球，按计划溅落在大西洋中，沉入黑色的水深处，直到它们在水面下 4270 米处销声匿迹。后续没有人打算回收这些发动机，直到 40 多年后贝佐斯的出现。

如果有一项历史技术值得我们尊敬，那就是 F-1 发动机。贝佐斯在他的博客文章中解释了他最初关于恢复"阿波罗 11 号"引擎的想法是如何被时间的流逝所激发的——这些引擎将在盐水的腐蚀作用下逐渐腐烂，有一天会永远消失。他迅速走到电脑前研究引擎的位置，随后指出，他只用了不到 15 分钟就在互联网上找到了"阿波罗 11 号"引擎掉落时的雷达跟踪坐标。他最初还很乐观，感觉这将是一个相对简单的任务，只要有足够的资金和意志力。但是，他后来承认确实低估了实际操作的难度。

贝佐斯在 2013 年 3 月 20 日发布了一篇博文。他在开头的一段里显得十分激动。

> 这真是一次不可思议的冒险。我们在完成了 3 周的海上工作后，现在正乘坐"海底工人号"返回卡纳维拉尔角，我们要在距离海面 3 英里（4.8 千米）深的地方工作。我们的收获巨大。我们看到了一个水下仙

境——一个由扭曲的 F-1 发动机组成的令人难以置信
的雕塑花园，讲述着炽热而暴力的结局，这是阿波罗
计划留下的证据。我们在现场拍摄了许多制作精良的
零件的照片，许多主要的零件碎片现已恢复。我们带
到甲板上的每一件零件，都让我想起当时成千上万的
工程师一起工作，完成了一直被认为是不可能完成的
任务。

打捞队从大西洋海底打捞出的所有零件碎片足以重建两
枚 F-1 火箭，至少可以用于进行原物展示。打捞行动投资巨
大，该团队使用水下无人潜水器（ROV）在黑暗的环境中进
行长时间往返作业，每次打捞一个部件。他们用声呐和灯光
识别变形和腐蚀的部件，将它们送到水面，然后用起重机将
它们吊到船上。

在接下来的几个月里，堪萨斯宇宙空间中心的一个团队
对这些碎片展开了保护和识别工作，其中的一个关键问题就
是确定这些发动机的最初用途。除了"阿波罗 11 号"的引
擎，阿波罗计划的大部分引擎都沉没在大西洋中，在经受当初
完成发射任务后所产生的高温与之后数十年海水的侵蚀后，大
部分部件的序列号已经无法辨认。最后，一名工作人员设法在
一个推力室上找出了褪色的"2044"数字，这与美国宇航局编

号 6044 相关，正是"阿波罗 11 号"F-1 引擎 #5 的序列号。

2015 年 12 月 16 日，F-1 发动机回收小组回收的发动机被运往西雅图飞行博物馆进行展出。在开幕式上，贝佐斯向包括雷斯贝克航空高中（Raisbeck Aviation High School）学生在内的观众播放了一段修复过程的视频。在视频中，他通过 F-1 发动机跨越时间的记忆，将自己的童年经历与学生的青年时代联系起来："把那些碎片搬到甲板上，真正触摸它们，让我再次感受到 5 岁时观看登月任务时的激动心情。如果这能让一位年轻的探险家、冒险家、发明家成就伟业，造福世界，我的使命也就完成了。"

JEFF BEZOS

第七章
开拓新视野

2022 年我撰写本书时，贝佐斯已经 58 岁了。在人生的这个阶段，许多成功的企业高管和企业家的精力都会开始减弱，他们会把驾驶了很久的事业飞机的机头向下倾斜，朝着退休、找接班人或出售公司的方向慢慢下降。但贝佐斯不是这样的人。相比之下，他内心的飞轮似乎仍在持续高速旋转，仍热衷于进行投资、探索和多元化发展。纵观他的一生，他对知识的强烈兴趣促使他不断踏上新的冒险征程，他的大脑在不断地探寻新知识、新创意和解决问题的新方法。和许多企业家一样，他难以忍受无聊的生活。

在本章中，我们将探讨贝佐斯除了亚马逊之外关心的其他领域。其中他最感兴趣的一个领域已经在前一章中介绍过了，也就是创立蓝色起源公司探索太空。但正如我们看到的，除了太空探索领域，贝佐斯还关注许多其他的领域和慈善事业。探讨贝佐斯在其他领域的追求，有助于我们更全面地了解长期以来一直激励着他在不同的领域地进行探索的动力。

"贝佐斯探险"公司

"贝佐斯探险"公司（Bezos Expeditions）是一家投资公司，成立于 2005 年，负责管理贝佐斯的个人投资组合。从某种程度上说，它是一家传统的风险投资公司，贝佐斯通过它投资那些拥有良好发展前景或独特创意的公司。"贝佐斯探险"公司网站上的"精选投资"下拉菜单可以自由选择公司、市场和技术。榜单上的一些名字家喻户晓，比如爱彼迎（Airbnb）、推特（Twitter）和优步（Uber）。其他公司不那么突出，但在探险相关方面各有优势。这些公司包括：提供高效远程工作能力的贝斯卡公司（Basecamp），专营簿记、税务和首席财务官（CFO）业务的百乐公司（Pilot），萨那生物技术公司（Sana），为 20 岁左右的年轻人提供个性化任务列表程序服务的"真实世界"（Realworld），制造和销售康乐工艺产品的玻璃宝贝公司（Glassybaby），以及工程创新公司麦扣波特（Makerbot）。名单上的所有公司都颇具吸引力和前瞻性。就像贝佐斯自己的职业发展轨迹一样，他投资的许多公司一直都在成功创业和突然破产之间徘徊。

不过，除了投资外部公司，贝佐斯还将"贝佐斯探险"公司作为一个保护伞，在这个保护伞下，他可以开发自己最感兴趣的项目，尽管"最感兴趣的项目"这个词并不能显

示出他真正的雄心壮志。其中两个项目——蓝色起源公司和
"阿波罗 11 号" F-1 发动机回收已在第六章中谈到过。但还有
其他一些项目值得我们关注，因为它们各具特色，而且这些
项目也让我们真正了解到贝佐斯在时间长河和世界中的地位
和作用。

《华盛顿邮报》

　　2013 年，贝佐斯在自己的投资组合中又增加了一项特殊
的投资，他斥资 2.5 亿美元收购了《华盛顿邮报》。该报是一
家著名的美国报纸，但陷入了困境。多年来，该报的发行量
一直在下降，在年轻读者中尤其如此，该报努力调整其收入
模式和新闻产出以适应互联网广告和数字媒体的新时代。后
来，贝佐斯在回顾这次收购时亲口说他原本"无意收购一份
报纸"，后来改变主意"绝对是凭直觉，而不是经过深思熟虑
后做出的决定"。他说一个主要的原因是《华盛顿邮报》"在
这个国家中扮演着非常重要的角色"，这促使他进行收购。其
中一个理由特别引人注目，那就是贝佐斯对互联网和传统媒
体之间关系的思考。他解释说互联网给报纸带来了一个福利。
互联网几乎摧毁了一切，但它确实带来了一个福利，那就是
免费全球传播。从一个互联网时代的颠覆者的口中听到互联

网"几乎摧毁一切"的感觉很有趣。在亚马逊帝国成长的各个阶段，我们都看到贝佐斯对传统商业模式的巨大破坏力，或许最为人所知的便是对图书行业的影响。但贝佐斯继续向报纸解释了互联网的核心优势，即在国内和国际范围内的免费传播性。在贝佐斯看来，互联网的扩大效应可以弥补个人客户收入的损失。他解释说，《华盛顿邮报》必须改变其商业模式，从"从为数不多的每个读者身上多赚钱的模式，转变为扩大读者数量，从每个读者身上少赚钱的模式"。

2016 年 5 月，马丁·巴伦在《华盛顿邮报》报社采访了杰夫·贝佐斯。贝佐斯三年前收购了这家著名的报纸

这是贝佐斯的一贯做法，只不过现在被重新应用到一个新的领域。贝佐斯在把亚马逊打造成一个称霸世界的品牌的过程中，运用了3个相辅相成的策略：第一，建立庞大的客户群；第二，让这些客户满意；第三，稳扎稳打持久战，相信一个庞大的终端客户群最终能带来预期的利润。这一策略似乎在运营《华盛顿邮报》时再次发挥了作用。在贝佐斯接管该报的3年内，该报的网络流量翻了一番，在线新闻产出大幅增加，重新吸引年轻读者并开始赢利。2017—2018年度的数据显示订阅数量翻了一番，该报的发展又开始蒸蒸日上。❶

然而，这并不意味着皆大欢喜。从2017年开始，约880名《华盛顿邮报》公会成员与报社领导之间发生了劳资纠纷。在2018年6月的一封由400多名员工签署的公开信中，他们承认贝佐斯为报纸的商业之路带来了一些有益的变化，但也主张改善工作条件、福利和薪酬："我们要求公平对待为公司发展做出贡献的每一位员工：公平的薪酬，公平的退休福利、探亲假和医疗保健福利，以及公平的工作保障。"

就像亚马逊与图书行业的关系一样，贝佐斯对《华盛顿邮报》的所有权在某种程度上肯定会多少引起公司某些领

---

❶ 请注意一些最新数据：2021年，《华盛顿邮报》每月的数字独立访问者在0.71亿至1.11亿之间。

域的紧张情绪和抵制行为，因为该公司的整个商业模式都要
回炉再造。对贝佐斯来说，增长模式和商业生存能力至关重
要。但与此同时，贝佐斯一直恪守不参与报纸编辑决策的原
则。这一点很明显，因为他自己的报纸可以自由发表对自己
不利的报道。例如，2021 年 10 月 11 日，《华盛顿邮报》发
表了一篇题为《蓝色起源公司内部：员工称畸形的"兄弟文
化"导致杰夫·贝佐斯的太空项目严重受挫和延期》（*Inside
Blue Origin: Employees say toxic, dysfunctional "bro culture" led
to mistrust, low morale and delays at Jeff Bezos's space venture*）
的文章——标题明显是在毫不留情地批评他们的老板贝佐斯。
显然，贝佐斯已经认识到，如果该报要坚守他所提倡的民主
的原则，言论自由是必不可少的。

　　贝佐斯对《华盛顿邮报》的所有权也使他从 2017 年 1 月
起与美国时任总统唐纳德·特朗普发生冲突。《华盛顿邮报》
对特朗普及其政府部门的批评性报道无疑引起了他的愤怒，
亚马逊及其老板贝佐斯也进入了特朗普的视线。在特朗普
2019 年 3 月 29 日的一条推文中，他表示在担任总统之前就对
亚马逊感到不满："我早在大选之前就已经表达了对亚马逊的
担忧。它与其他公司不同，几乎不向州政府和地方政府纳税，
还用我们的邮政系统作为它的送货员（给美国造成巨大损
失），并使成千上万的零售商倒闭！"在《卫报》（*Guardian*）

2018 年 4 月 7 日的一篇文章中，特朗普还曾暗示《华盛顿邮报》实质上是在为亚马逊充当"说客"。《华盛顿邮报》的首席执行官小弗雷德里克·瑞安（Frederick Ryan）态度强硬地表示，该报对待特朗普的态度与贝佐斯之间不存在任何隐含联系。他还说，贝佐斯既没有向《华盛顿邮报》提出对总统进行负面报道的要求，也没有干预任何编辑过程。新闻自由似乎确实是贝佐斯的一个核心价值观。例如，2017 年 5 月，他向新闻自由记者委员会捐赠了 100 万美元，该委员会主要负责为美国记者提供无偿的法律服务。

特朗普在 2020 年 4 月对亚马逊进一步提出了批评，当时美国政府将亚马逊的 5 个外国网站（分别位于加拿大、英国、德国、法国和印度）列入了"恶名市场"名单，称这些网站是跨国盗版和版权侵犯事件的"热点"地区。亚马逊再次强硬回击，指出在亚马逊全球范围内的网页中，99.9% 的网站从未收到过盗版投诉，而且公司专门雇用了大约 8000 人来打击知识产权盗窃行为。

特朗普并不是唯一对亚马逊提出批评的政治高层。例如，在 2019 年 6 月，当时的总统候选人乔·拜登认为，尽管亚马逊赚取了数百亿美元的利润，但它在 2018 年没有支付任何联邦所得税。亚马逊提出抗议说它自 2016 年以来缴纳了 26 亿美元的企业所得税，而且投资了 2000 亿美元，创造了 30 万个就业机会。拜登还对曾经展开工会化运动的亚马逊工人表示同情。

在这些批评的声音中，我们可以发现一个共同点：针对贝佐斯的很多负面评价一般都只与他的财富以及他与他员工之间的财富差距有关。但是，我们也必须考虑到贝佐斯日益壮大的慈善事业和环境保护行动对全球部分领域的发展产生了深远的影响。

贝佐斯第一天基金

2018 年 9 月，贝佐斯和麦肯齐宣布建立了一项新的慈善事业：一个 20 亿美元的基金会——"第一天基金"（Day One Fund）。该基金会规模庞大，志向高远，致力于在两个领域提供经济援助：向帮助无家可归人士的现有非营利组织提供资金支持，并且在低收入社区建立一个非营利学前班教育网络。

因此，"第一天基金"包括两个部分："第一天家庭基金"和"第一天学术基金"。前者向为贫困家庭提供住所和基本食物的组织和民间团体提供资金奖励。2021 年"第一天家庭基金"的接受组织（获得 9620 万美元的奖金）声明，分布在美国各地的大约 32 个个人团体获得了价值 75 万至 500 万美元的奖金。其中包括棕榈滩领养家庭救助中心（佛罗里达州沃

斯湖，500万美元）、阿拉斯加圣约家园（安克雷奇，125万
美元）、底特律无家可归者救助网络（密歇根州底特律，125
万美元）、萨克拉门托进步流浪者中心（加利福尼亚州萨克
拉门托，500万美元）和三县社区诉讼代办机构（南波士顿，
250万美元）。

贝佐斯"第一天学术基金"针对低收入家庭的3至5岁
儿童建立起了"蒙台梭利教育法"学前教育网络，扩大援助
弱势社区和家庭的范围。对贝佐斯来说，想到利用蒙台梭
利教育法很正常，他自己在蒙台梭利学校学习的经历显然给
他留下了深刻印象。蒙台梭利教育法由意大利教育家玛丽
亚·蒙台梭利（Maria Montessori）在20世纪初提出，这种
教育方法注重给学生一个充满刺激因素的空间，让他们追求
自己的兴趣、发挥个人能力，进行各项活动，而不是试图用
严格的教学计划控制他们的心理活动。现在回想起来，对于
永远好奇的贝佐斯来说，这确实是一个理想的学习环境。在
2000年《蒙台梭利生活》（*Montessori Life*）的一次采访中，
贝佐斯解释了蒙台梭利学校提供的教育是一种"非常重要的
成长经历"，并指出了学习环境为他年轻的心灵带来大量启
发。蒙台梭利的理念已经融入贝佐斯学院的使命中，同时也
融入了其他灵活的策略："蒙台梭利的方法让每个孩子都能自
然发展——按照自己的节奏学习和成长。我们的课程也将借

鉴其他教学方法来学习、发明和提高我们的能力以支持每个
孩子的发展。"

　　第一所贝佐斯学院于 2020 年 10 月在艾奥瓦州（Iowa）
得梅因（Des Moines）开设。到 2022 年春季，贝佐斯学院有
5 所幼儿园正在运营，全部在华盛顿州，并计划在 2022 年年
底和 2023 年年初再开设 15 所幼儿园，其中佛罗里达州 4 所，
得克萨斯州 7 所，华盛顿州 4 所。为什么贝佐斯在教育领域
进行如此大规模的投资？ 贝佐斯家族基金会（Bezos Family
Foundation）网站上的一个标题告诉了我们一个答案：我们如
何学习将决定我们成为什么样的人。我们应该仔细考虑一下
这句话。一些伟大的企业家曾被排斥在教育系统之外，但通
过自身努力和非传统思维使自己走向成功，这证实了一些人
具有超乎常人、打破传统的非凡能力。虽然这样的故事令人
向往，但自 20 世纪 90 年代以来的研究表明，长期和高质量
的教育会显著提高人们未来成功创业的可能性。毕竟，即使
是大学辍学的企业家也会比周围大多数人接受更长时间的教
育。贝佐斯似乎很相信教育的效果，尤其是对幼儿来说，这
是一个关键时期，大脑正在形成，极度需要滋养。

　　"第一天基金"并不是贝佐斯对教育发展所做的慈善事
业贡献的上限，他的其他慈善举动与他的家庭背景息息相关。
例如，2013 年，贝佐斯向"世界读者"（Worldreader）捐赠

了 50 万美元，"世界读者"是一个由亚马逊前员工创立的组织，致力于通过电子阅读器和手机为发展中国家的人们提供免费的数字图书馆，培养人们基本的识字技能。2018 年 1 月，贝佐斯宣布他和麦肯齐将向"梦想"（The Dream）网站捐赠 3300 万美元，"梦想"网站是一个奖学金基金，旨在帮助年轻的"梦想家"移民在教育方面有所建树。在《华盛顿邮报》的一篇文章中，贝佐斯承认了他父亲迈克的个人经历和这笔捐款之间的联系："我的父亲独自一人来到这个国家，不会说英语。凭借巨大的勇气和决心，在特拉华州一些杰出组织的帮助下，我的父亲成了一名优秀的公民，他继续回报这个国家，因为这个国家成就了他的一切。麦肯齐和我很荣幸能够通过资助这些奖学金来帮助今天的追梦者。"

但是，一些批评人士再次对他的慈善活动提出质疑。他们指责他没有在"捐赠誓言"上签字。"捐赠誓言"是沃伦·巴菲特（Warren Buffett）、梅琳达·弗伦奇（Melinda French）和比尔·盖茨（Bill Gates）于 2010 年 8 月发起的一项运动，数十位美国和国际亿万富翁承诺捐赠他们的大部分财富。贝佐斯是唯一没有签署承诺的美国重要人物之一。一部分批评者不仅关注贝佐斯个人的巨额财富，还关注麦肯齐在与贝佐斯离婚后获得了价值约 380 亿美元的亚马逊股票（尽管贝佐斯保留了对其股票的投票权），但她本人签署了"捐赠誓言"。

另一些人则更加关注贝佐斯慈善项目的细节。2018 年 11 月，
加比·德尔·瓦勒（Gaby Del Valle）在 Vox.com（解释性新闻
网站）上发表了一篇题为《杰夫·贝佐斯的慈善项目并没那
么慷慨》（*Jeff Bezos's philanthropic projects aren't as generous
as they seem*）的文章，他认为贝佐斯通过"第一天基金"进
行的大部分捐赠都是针对目前或未来亚马逊员工密度较高的
城市和州。她还认为，亚马逊阻碍了西雅图市的一项法案的
颁布，该法案旨在向当地企业征税，以资助经济适用房项目，

贝佐斯在贝佐斯学院学前班与一名学生一起画壁画。贝佐斯学院通
过为低收入家庭的 3 至 5 岁儿童提供免学费学前教育的网络，帮助
弱势社区和家庭的孩子接受教育

从而解决人们无家可归的问题，不过她在亚马逊的一份声明中承认，"第一天基金"的捐赠行为的确只是贝佐斯的个人慈善行为，与亚马逊没有任何关系。

但德尔·瓦勒提出了一个更有趣的观点，即贝佐斯更加信任非营利和私营部门的慈善事业，而不是政府的慈善事业。她引用了贝佐斯在彭博社（Bloomberg）平台上的一篇文章，贝佐斯在文章中说："如果你有一个项目，你可以与政府合作，也可以与非营利组织或营利性组织合作。如果你能弄清楚与营利性组织合作的方式，以及这样做的好处，那么这个项目本身就可以实现自我维持了。"虽然"贝佐斯认为政府项目次于私人项目"的说法有些过于简单（例如，他对美国宇航局历史工作的崇敬是对这一立场的一种平衡），但他倾向于"自我维持"的慈善模式，这再次反映了他的长期思维，就像他宣称自己的慈善捐赠关注短期一样。例如，私人慈善事业可以（当然也有意外）在历任政治政权更迭中保持自己的地位不受影响，而在民主政权中，这往往以 4 年或 5 年为周期，并且伴随着短视思维。私人资金也具有政府项目难以企及的效率，这是因为政府的慈善项目往往存在诸多的竞争性诉求和政治利益。但是，从贝佐斯以往的所作所为来看，我们发现贝佐斯喜欢自己控制投资，因为这使他有机会将他关于规模、发展和最大影响力的原则付诸实践。

贝佐斯和环保主义

2021 年 11 月 11 日，贝佐斯在华盛顿国家大教堂伊格内修斯论坛举行的"我们在太空的未来"活动舞台上接受采访时，回应了那些指责他在太空探索上投入数十亿美元的批评者，这些反对者认为地球更需要这笔钱。贝佐斯反驳说那些认为太空投资和地球投资之间存在非此即彼关系的人忽略了一个事实，即"这两件事我们都要做，而且它们之间紧密相连"。实际上，很少有人知道贝佐斯在地球研究和慈善事业上的投资实际上超过了他在太空上投入的资金。越是研究贝佐斯的投资就越能意识到地球对贝佐斯来说意义重大。

正如我们在第六章中所提到的，贝佐斯对未来太空探索和定居的理想是太空探索行动最终目的是保护地球。地球是太阳系中独一无二的宝石，却仅仅因为其 800 万种生物中的一种生物（即人类）活动而面临危机。事实上，正如贝佐斯 2021 年 11 月 2 日在英国格拉斯哥举行的第 26 届联合国气候变化大会上发表演讲时所说，他对太空的探索已经使人们更加强烈地意识到应对气候变化和保护环境的重要性。

大自然是美丽的，但也是脆弱的。今年 7 月，当我乘坐蓝色起源的飞船进入太空时，我充分地意识到这一点。有人告诉我，从太空看地球会改变你看世界的角度，但我没想到这是真的。每年，森林和景观从大气中吸收 110 亿吨二氧化碳。当我们破坏自然的时候，这个过程就发生了逆转。世界上许多地方都从碳汇转变为了碳源，而这对我们所有人来说都是一个巨大的危险。

贝佐斯在 2021 年气候周纽约领导人招待会上发表讲话，他承诺捐赠 10 亿美元支持国际环保工作

2021 年，贝佐斯充分认识到他和亚马逊都可以在应对气候危机的运动中发挥积极的作用。2019 年 9 月，亚马逊宣布

了气候承诺书，承诺到 2040 年实现净零碳排放。第二年，亚
马逊于 2020 年启动了气候承诺基金项目，用以支持可持续和
脱碳技术的研发和应用。该投资项目将初期 20 亿美元的资金
投资于有远见的公司，这些公司的产品和方案必须能够促进
低碳经济的发展。在新闻发布会上，贝佐斯表示，他希望亚
马逊成为可持续创新能源和减少碳排放领域的领导者。他指
出，亚马逊内部已经发生了明显的变化：该公司的可再生能源
使用占比 40%，并承诺到 2040 年实现 80% 的可再生能源使用和
净零碳排放；建设 15 个"公用事业规模"的太阳能和风力发电
场；向生产电动送货车的里维安（Rivian）公司投资 4.4 亿美元
（2019 年 9 月，亚马逊订购了 10 万辆这种车）。截至 2021 年 12 月，
亚马逊在全球投资了 274 个可再生能源项目，正如其新闻稿所
言，这些项目可以为 300 万美国家庭提供电力。

气候承诺的概念最早是由贝佐斯提出来的，后来成为
一个亚马逊项目。然而，贝佐斯在环保方面的个人投资则
是"贝佐斯地球基金"（Bezos Earth Fund）。贝佐斯在 2020
年 2 月宣布成立地球基金。在贝佐斯 2 月 17 日发布在照片墙
（Instagram）的帖子中，他将气候变化视为对地球和人类的最
大威胁，并发起了拥有资金支持的行动号召。

今天，我很高兴地宣布，"贝佐斯地球基金"成立

了。气候变化是对我们星球的最大威胁。我希望与大家一起工作，既要继续加强已有的行动措施，又要探索新的方法来对抗气候变化，遏制气候变化对地球的破坏性影响。这个全球倡议将资助科学家、活动者以及非政府组织等，来帮助维系和保护自然世界，提供真正有价值的努力。我们可以拯救地球。为此，大公司、小公司、国家、全球组织和个人需要共同努力。我承诺在开始时投入 100 亿美元，并将在今年夏天开始发放拨款。地球是我们共同拥有的宝藏，让我们一起保护它。

该基金的成立在环境科学界引起了轩然大波，同时也引起了一些媒体的注意，他们对贝佐斯的个人财富和其他项目展开了调查。通过计算，记者们发现，根据他目前约 1300 亿美元的净资产来算，他个人的这笔捐款仅占他全部资产的7.7%。此外，地球基金的资金将大于贝佐斯投入其太空计划的资金。截至撰写本书时，他已经发放了 14 亿美元的资金。项目投资的范围很广，而且是全球性的，包括以下不同领域：

- 停止砍伐森林，促进可持续的土地利用。
- 保护和恢复退化的地貌。
- 投资于环境和受"差距和污染"影响过大的社区。

- 发展零排放的船舶和卡车。

- 帮助印度农民实现更具环境可持续性的耕作方式。

- 减少石油和天然气行业的甲烷污染。

- 对难以消减的行业进行脱碳，包括钢铁、水泥、零排
  放的船舶和卡车。

- 对植物根系的研究，使更多的碳进入土壤。

- 卫星监测碳流和通量，以及卫星监测甲烷污染。

- 实现美国所有校车电气化。

杰夫·贝佐斯、劳伦·桑切斯和哥伦比亚总统伊万·杜克与"贝佐斯地球基金"和总统团队的成员一起在奇里比克特国家公园欣赏风景（2022年3月）

地球基金无疑是扭转自然退化和应对气候危机的绝佳机
会，这正是源于贝佐斯对地球的关注。毕竟，他的太空殖民
计划（无论是在他的有生之年，还是在未来几代人的有生之
年）只有在长期过程中地球免于气候灾难的情况下才有意义，
就像贝佐斯的所有项目一样，他的行动具有长期的逻辑性。
到 2030 年，将有 100 亿美元投入地球基金。亚马逊的气候承
诺宣言承诺到 2040 年（比《巴黎协定》提前 10 年）实现净

贝佐斯在哥伦比亚的奇里比奎特国家公园，"贝佐斯地球基金"正在
与合作伙伴合作，保护该地区免受森林砍伐

零碳排放，蓝色起源公司的未来长期愿景是将重工业和污染工业转移出地球。

2017 年，贝佐斯在推特上发表了一条特别有趣的评论："我正在考虑一项长期的慈善计划。在慈善事业这方面，我发现我容易被另一个极端吸引，那就是当下。"在贝佐斯一生的大部分时间里，保持长期规划，不考虑短期影响，似乎一直是他做出决策的基调。然而，随着慈善工作的开展，他逐渐认识到人们需要在当下自身发展和决策的关键时刻立刻做出反应，才能获得长期的社会和环境收益。但为了证明贝佐斯并没有放弃他的长期规划，我们可以看看"贝佐斯探险"公司一个更为稀奇的投资——万年钟。

万年久远

万年钟——也被称为长今钟，在贝佐斯的投资组合中无疑是一个稀奇的东西。它是在得克萨斯州西部的一座山上建造的一个巨大的机械钟，一个高出周围景观 610 米的壮观石板，该工程既是纪念性的建筑，又是精密的计时器。这项工程规模宏大。万年钟在山体内部的构造有数百米高，其机械装置能够精确地走完一万年。其编钟被设定为播放 350 万个独立的序列，在接下来的一万年里，万年钟每走完一天，对应一个编钟序列。

该时钟最初是由美国发明家、企业家、科学家和人工智能专家丹尼·希利斯（Danny Hillis）在 20 世纪 80 年代构想出来的。当时，整个世界正在自我调整以适应即将到来的新千年，但希利斯想要通过建立一个可以运行一万年的机械时钟来突破这个短暂的时间界限，这个时钟可以延伸到未来。面对这样一个时钟，人们不得不思考在未来的千年里，他们在浩瀚的时间长河中的所处的位置，以及他们如何造福当今世界，塑造人类美好的未来。

1999 年 12 月 31 日，就在世界进入 2000 年之前，一个小尺寸的万年钟（现在位于伦敦科学博物馆展出）开始运行，接下来就要建立一个全尺寸万年钟了。贝佐斯对万年钟所传达的象征意义以及思维重心的关注从来没有消失过，所以，"贝佐斯探险"公司自然也为这个开发项目提供了资金。

面对这座时钟与其周围环境所带来的沉重感，人们感到被置身于未来几个世纪的生活背景中，不免陷入沉思：就算贝佐斯眼光再长远，也无法预测未来，人类永远无法超越时间。

贝佐斯的成功诀窍

在蕴藏着无限的创业经验的宝库中，人们一直在寻找实现成功的决定性品质。通常，了不起的事业成功人士和创新型精英往往具有与他们的雄心壮志相匹配的个性。《福布斯》（*Forbes*）2020 年的一篇文章列出了"成功企业家的 6 个性格特征"，具体来说是：拥有高尚的职业道德、强烈的工作激情、强大的创造力、强大的自我驱动力、随和的态度和对知识的渴望。其他权威机构也曾列出过不同的性格清单，但基本上大同小异。有些人还加上了信心、远见、灵活性、销售能力、对金钱的严格要求和抗压能力等品质。列出这类清单的主要目的是要找出一套齐全的、方便学习的成功规则。也就是说，任何人都可以掌握这些诀窍，从而在商业领域取得成就。

然而，当涉及贝佐斯时，可能很难提炼出一套完整的"贝佐斯的成功诀窍"。这倒不是因为他没有传授一些明确有

用的经验。相反，在贝佐斯的案例中，这些诀窍的运用都伴
随着不屈不挠的工作能力与敏锐犀利的智慧，而这些素质和
品质从来就不是教出来的。此外，贝佐斯似乎同时拥有两种
在大多数人身上不相容的特征：对极高风险的容忍力以及以
实现最高工作效率为目标的强大的分析能力。把这两项特质
结合起来，就能产生令人振奋和强大无比的动力，第二个品
质（谨慎和适应性）恰好能够控制第一个品质的发展方向和
莽撞程度。正如我们所看到的，贝佐斯在商业或投资方面遭
遇的重大失败不止一次，但是他的个性和管理方法表明他不
断创造新的机会，让他获得成功可能性以惊人的速度上升。
也许这才是贝佐斯真正的创业动力——以一种将成功的可能
性最大化的方式行动，但不会为了确保成功的可能性而过于
谨小慎微。

客户至上

那么，贝佐斯本人认为其公司实现爆炸式成功的根本原
因是什么呢？我们可以从他最著名的一句话开始，这句话特
别提到了亚马逊模式——"我们在亚马逊有 3 个主要原则，
我们已经坚持了 18 年，它们是我们成功的关键因素：把客户
放在第一位，坚持创新，要有耐心。"

　　许多商业领袖和分析家都深入思考过这些商业智慧，这些话表面简单，但内涵深刻。就"把客户放在第一位"而言，我们看到贝佐斯在本书中尤其是在关于亚马逊的崛起章节中，一次又一次地强化了这一点。对贝佐斯来说，对客户体验的高度关注不仅仅是因为客户很重要，让客户普遍满意并且成为回头客才能确保公司持续发展。在贝佐斯的世界观中，客户的重要性远不止于此。他们是公司不断发展的引擎，满足并超越他们的期望才能触发飞轮效应，亚马逊将其应用于市场服务的发展之中。

　　亚马逊高管认为，贝佐斯会定期推出一项新的亚马逊服务，但在一段时间内，似乎除了削弱盈利能力没有什么作用。这对一家希望在年终产生稳健业绩的中小型公司来说是没有意义的。但是，如果我们跳到贝佐斯语录中的"要有耐心"这一要素，我们就会看到它的深层意义。贝佐斯似乎从来没有想过要成为一个普普通通的成功企业家，而是要成为一个真正改变游戏规则的领导者，在一个技术为本的时代建立一个企业，以某种方式重塑如何做生意的基本概念。这一雄心壮志需要时间和耐心来实现，因为它最终依赖于一种强大的不可抗拒的动力，而这个动力来自巨大的客户群的潜在能量。

　　单单"创造"一词就足以说明贝佐斯的创业理念。贝佐斯无法容忍任何带有停滞和僵化色彩的东西。在一个充满无

限创新可能性的高科技新世界里，通过大量投资以促进公司
快速发展，在此基础上不断地进行创新，不仅是保证公司发
展理念与时俱进的唯一方法，也能使公司从容应对来势汹汹
的新兴竞争者，保持公司的良好发展势头。

领导力

　　贝佐斯的"管理风格"（我认为贝佐斯自己不会用这个
词）的另一个特征是他强大的领导力。贝佐斯的个人风格和
公司历史证明，他绝对不害怕孤立无援，即使面对反对意见
也会坚守自己的观点。他是一个有信心和能力独立做出决定
并坚持到底的领导者。

　　请注意，这并不意味着他不听取别人的建议；在贝佐斯
一生的大部分时间里，他身边都是真正出类拔萃之人，他让
他们在特定的工作领域发挥领导作用，并在这个过程中向他
们学习。但是，他的督查工作才是王道。许多员工经常谈到
或观察到贝佐斯的超强的探索能力和广博的知识，这意味着
无论你的职位是什么，你都无法使用专业知识和含糊的语言在
工作中蒙混过关。在贝佐斯邀请伊迪·曼伯从雅虎跳槽到亚马
逊的那段时间里，他记得贝佐斯让他解释一个特别复杂的算
法，曼伯觉得他要花"一个月"的时间才能向大多数高管解

释清楚。但贝佐斯在会议上就完全听明白了他要表达的意思。

亚马逊的一些"管理原则"也是了解贝佐斯管理风格的一个窗口。贝佐斯执掌亚马逊时期编写了一本"管理原则"小册子用于说明亚马逊管理运营的方法模式。这本小册子最初总共有 14 条原则，它们实际上是由杰夫·威尔克和首席技术官里克·达尔泽尔（Rick Dalzell）共同制定的，也同贝佐斯认真讨论过。正如威尔克后来在一次采访中所说，"'管理原则'小册子的语言中有很多贝佐斯的影子"。现在，"管理原则"里面一共有 16 条原则，每一条都带有亚马逊创始人贝佐斯的烙印和期望。首先，语言尽量简短精练，每个充满说服力的标题后面跟着几个简短的句子——没有任何啰唆的东西，正如这个文件本身就很简单明了一样。事实上，这就是威尔克所说的贝佐斯喜欢的"单页沟通的文化"。

其中一些原则读起来就像是在描述贝佐斯本人。

领导者要正确决策

领导者是正确的。他们有很强的判断力和良好的直觉。他们寻求不同的观点，并努力推翻重塑自己的信念。

坚持最高标准

领导者对高标准严苛的追求——许多人可能认为

这些标准高得不合理。领导者不断提高标准，并推动他们的团队交付高质量的产品、服务和流程。领导者确保一切工作保持通畅，出现的难题能及时得到解决。

开拓思维

目光短浅是自我满足的表现。领导者大胆制定发展目标，激发员工工作动力直至最终实现目标。他们以不同的方式思考，努力寻找服务客户的各种方法。

深入研究

领导者统筹全局，关注细节，时刻督查，及时发现指标数据的异常。这是重中之重。

恪守原则、提出异议、全心投入

领导者如有异议，应礼貌地提出反对意见，即使这样做令他人颇感不适，精疲力竭。领导者应信念坚定，坚韧不拔。他们不会为了维护社会凝聚力而妥协。一旦目标确定，他们就会全身心投入。

基于这些原则，理想的亚马逊经理要业务能力极强，有丰富的知识储备；拥有坚韧不拔的意志；有远大的志向以及实现梦想的决心；他们对自己充满信心，面对重重阻力也能力排众议、果断决策。

贝佐斯本人善于独立思考，有时显得不近人情，排斥传统的行事方式。21 世纪初，亚马逊初入珠宝市场，步履维艰。贝佐斯与高管们开会讨论应对的策略。他的团队提出的核心建议是，让有经验的珠宝卖家进入市场，监测他们的业绩和营销策略，然后利用这些信息来帮助亚马逊打入珠宝市场。贝佐斯思考了一下这个策略，然后神秘兮兮地离开了会议室，几分钟后，他带着一沓纸出现，分发给在场的每个高管。纸上印着这样一句话："我们开的不是零售店。"贝佐斯是在告诉他的高管们不要再想着复刻传统的零售模式，要把亚马逊当成一个全新的创新领域，彻底摆脱过去的传统模式。

决策

亚马逊领导者要坚守"恪守原则、提出异议、全心投入"的原则，这与贝佐斯对商业决策本质的看法以及他对过度跨界沟通表现出的反感相吻合。贝佐斯的工作动力在于尽快把事情做好，而不是浪费大量的时间讨论如何才能把事情做好。这反映在亚马逊的另一个原则中。

积极行动

在商业中，速度很重要。许多决定和行动都具有

可逆性，无须深入研究。我们看重的是经过深思熟虑
的冒险行为。

对于许多大型企业来说，这一原则似乎会带来可怕的风
险，意味着将在没有充分考虑成本和后果的情况下行事。然
而，贝佐斯对风险充满热情，认为速度对保持干劲和抓住机
会至关重要。因此，贝佐斯倾向于组织小规模、高智商的团
队，在问题出现时及时解决，并加快创新速度和提高效率，
而不是进行无休止的讨论争辩，从而影响工作进度。

贝佐斯本人在接受里根国防论坛采访时提到了他的决策
哲学，他说："许多决定和行动都具有可逆性，无须深入研
究。"贝佐斯将决策分为"单向门"决策和"双向门"决策。
"单向门"决策是指一旦做出就不能逆转的决策，这种决策会
对企业产生重大影响，无论是正面的还是负面的。贝佐斯解
释说，在进行"单向门"决策时必须非常谨慎，需要经过高
度协商，并且尽可能多地进行数据分析，直至最终做出决定。

与"单向门"决策不同，"双向门"决策具有可逆性。这
意味着，无论后果如何，它们都可以返回到最初的起始位
置，或者根据情况调整事件的最初预期进程，使其向不同的
方向发展。这种由亚马逊和其他一些大型科技公司首创的决
策方法，对现代商业思维产生了深远的影响，包括现在流行

的"敏捷项目管理"（APM）。在这种模式下，公司不断推出新产品或服务、更新客户反馈以大力促进公司的发展，而不是进行冗长的计划部署和大型产品发布会。贝佐斯解释说，问题在于单向门决策非常罕见，但许多公司将更为常见的"双向门"解决方案视为"单向门"决策的最大挑战。这种思维方式会形成一种惯性，让人疲惫不堪，所以公司无法进一步发展。

在本书中，我们看到贝佐斯在进行决策时，曾多次身处舌战群儒的境地，但他雷厉风行，速战速决，一锤定音。在同一次采访中，他说当公司代表针锋相对，试图通过争论进行消耗时，他就按照"恪守原则、提出异议、全心投入"的原则行事。面对这个僵局，把问题交给一个具有敏锐判断力的高层，他能洞察一切，看清形势，力排众议，做出最终决断。贝佐斯解释说："这么做才能平息一切争执，因为大家都公认这个高层领导者拥有非凡的判断力。这种判断力具有极高的价值，这就是为什么有时你能够否决下属的意见，即使他们有更好的依据。因为，那是你的判断。"

贝佐斯成功之道的独特之处在于它质疑沟通的价值。我们需要说明的是贝佐斯并不是要禁止员工经常在一起进行有价值的交谈，而是希望他们能够在自己的小团队内部多多沟通交流如何解决工作中出现的问题，这样就无须将把问题留到公司的大型会议上去讨论。20世纪90年代末，他在回应一些中层高管的提议时提到了他最有说服力的一个观点。当时，这些高管建议采用一种更有组织性的对话方式来进行企业沟通。但贝佐斯的答复让他们大吃一惊："沟通是功能障碍的表现。这意味着人们没有以一种亲密的、和谐的方式在一起工作。我们应该试着找出一种方法，让团队之间减少交流，而不是增加交流。"

贝佐斯反对粗枝大叶、敷衍了事的沟通。贝佐斯在亚马逊最引人注目的一个创新是，他禁止在召开会议时使用演示文稿（PowerPoint）或类似的演示工具，他认为这种演示工具会限制人们的思考，让重要的细节从要点的缝隙中溜走。如果一位高管在召开一个会议，他或她必须写一份篇幅长达6页的建议或报告（加上脚注），文中每个概念都必须给予准确而充分的解释，尽量减少缩写或边注。在会议开始时，该报告要发给团队的每个成员，安静阅读15分钟，以便在进行讨论时脑中有一定的思路。至今，亚马逊仍在沿用这个传统。

贝佐斯对精准沟通模式的执着也体现在他20世纪头十年打造的"两个比萨"团队的理念中。根据这一原则，公司需要进行重组，即标准是团队的人数不超过两个比萨就能喂饱的人数（没有提到比萨的具体尺寸，但我们认为应该是相当大的比萨）。这意味着团队人数不超过10人，这样做的理由是"团队越小，合作越好"。建立"两个比萨"团队举措在某些部门算不上一个改进，但确实让我们进一步了解了贝佐斯对公司内部语言和思想流动，以及小团队如何能够保持他所倡导的"第一天"的创业精神所持的态度。

我们还必须承认，贝佐斯善于解决问题的方法和创新的另一个原因还在于他思路清晰，充满理性。贝佐斯的决定很少来自突发奇想或直觉，而是基于广泛而深入的学习和思考，这让那些表面上在某个领域拥有丰富经验和知识的人大为折服。布拉德·斯通讲述了亚马逊的一件事，当时亚马逊副总裁布鲁斯·琼斯（Bruce Jones）带领 5 名工程师用了 9 个月的时间开发了一种新算法，以提高拣货员的地面工作效率。他们投入大量的精力，进行了大量的计算，然后向贝佐斯和 S 团队演示了他们的成果。展示结束了，但贝佐斯并没有被打动，他站起来走向一块白板，在白板上迅速列出一个新算法。琼斯记得当时自己心里就想，贝佐斯明明在操作系统管理方面没有任何丰富的经验或接受过任何相关培训。但是，他在白板上写的确实是一个更好的效率模型。

工作与生活的平衡

如果贝佐斯是你的老板，他无疑是一个极为严厉的监工。

无论什么企业，他都坚持高标准、勤奋工作、明智决策的原则以推动发展，这种监督无疑让他失去了为数不少的高层管理人员。尽管为一家有史以来最具创新性的公司工作让人倍感骄傲和激动不已，但对一些人来说为贝佐斯工作的压力实在太大了。

人们普遍认为贝佐斯遵守的职业道德原则完全无视工作与生活的平衡，但是通过深入研究他写的一些关于这个主题的文章，我们可以更好地了解他所认为的有价值的生活体验。在他写的题目为《招募人才》（*Recruiting Talent*）文章中，他首先提出了一个问题："作为公司老板，你想要雇佣兵还是传教士？"贝佐斯将雇佣兵定义为那些基本上是被公司提供的福利或奖金以及地位待遇所吸引的人。相比之下，传教士是那些被鼓舞人心的愿景所激励的人，他们渴望追求并实现远大目标，哪怕一路布满荆棘，也毫不畏惧。贝佐斯想要雇用哪类员工应该很容易就能猜出来。

在里根国防论坛的另一次采访中，他坦率地谈到了如何平衡工作和家庭生活关系的问题。对贝佐斯来说，"工作与生活的平衡"这个词本身就是一种误导。他解释说，人们在工作中越是感到"精力充沛"、兴趣满满和被人重视，他们在家里就会越快乐。相反，如果员工或老板在家里不开心，那么他或她会把这种不满带到工作中。贝佐斯不喜欢"工作与生活的平衡"这个词，因为它有非此即彼的两重性，"它暗示着一种严格的权衡行为"。相反，他认为最好将工作和家庭之间的关系视为一个飞轮或一个圆圈，两者相互依存，而不是相互排斥。

在这篇文章中，贝佐斯认为，就职场能量而言，存在着两种人。他让读者想象他们正在开会，此时一个人走进了房间。这个人为会议增加了正能量，提升了周围人的斗志和生产力；或者这个人让大家的情绪变得低落，耗尽了参与者的能量。贝佐斯认为，在工作和家庭中，"你必须决定你将成为哪种人"。贝佐斯发表了以下观点，非常具有启发性，这让我们对他的思维体系有了更为直观的了解。

这不是工作时间的问题，起码不主要是工作时间的问题。我想，如果你一周工作 100 小时，你可能就会觉得这已经是极限了。但我从来没有遇到过这个问题，我想这是因为我生活的两面都让我能量满满，充满干劲。这就是我对公司实习生和高管的建议。

贝佐斯似乎确实承认了一个事实，那就是对一般人来说，他的工作能力的确很难企及——他的"你可能就会觉得这已经是极限"这句话表明，贝佐斯很难理解那些工作耐力较差的人。但这段话的主要意思并不是说我们应该不知疲倦地工作，而是说我们应该以传教士的热情投入生活的方方面面，将对工作的兴趣和对家庭的爱共同视为生活的动力。

财富与繁荣

人们对贝佐斯超乎想象的财富众说纷纭。大家的观点各不相同，而且往往是截然相反的。例如，有些人认为贝佐斯的财富是一种激励，是贝佐斯为自己和数十万员工创造成功的最直观的体现。从这个角度看，贝佐斯的财富为他成为伟大的企业家、投资者和知识探索者奠定了基础。但是，对有些人来说，他的财富是人类社会结构上的一个污点，是体现社会不平等的典型案例。互联网上充斥着关于贝佐斯的令人震惊的"事实"，其中一些真实性有待于考查，或者忽略了贝佐斯的大部分财富其实都与股票（价值各异）挂钩。例如，贝佐斯一秒钟赚的钱比美国工人平均一周赚的钱还多；他的财富每小时增加 890 万美元；他的身价超过世界 195 个国家中 140 个国家的国内生产总值（GDP）。虽然许多事实的准确性在不断地变化，有待于重新考证，但可以肯定的是贝佐斯拥有的个人财富在人类历史上实属罕见。

这对贝佐斯个人意味着什么？我认为这很难证明财富是

贝佐斯一生事业的终极目标。他一路马不停蹄，披荆斩棘，取得了今天的成就，而且看起来在未来也依然能够傲视群雄。这表明他从来没有设想过要到达财富顶峰。对贝佐斯来说，他所创造的财富只是衡量该企业健康发展和拥有充满活力的未来的一个有形指标。他曾明确表示，他从未追求过"世界首富"的头衔，而是更加希望自己能够以企业家或发明家身份受到世人关注。同时（在经济俱乐部的采访中），他谈到他在亚马逊这个市值1万亿美元的公司占有16%的股份，这意味着他已经为其他人创造了8400亿美元的财富。只看贝佐斯的个人财富，却忽略了贝佐斯为他人和社会创造的财富，这种行为着实会歪曲事实。

但随着贝佐斯个人财富的迅速增长，到后来的超乎寻常的暴涨，他也深陷关于员工（尤其是公司较低层员工）工作条件和薪酬争议的旋涡。贝佐斯并非看不透这些争议背后的最终目的和实质。2019年他在致股东的信中写了一个关于"利用规模创造福祉"的章节。在该章节中，他从规模的角度阐述了亚马逊是如何在世界各地雇用84万名员工，并在美国"直接或间接地提供"了另外200万个工作岗位的。并且还有大约83万个依附于亚马逊的销售岗位。总的来说，亚马逊养活了全球400多万名员工。贝佐斯还针对亚马逊的工资和福利细节的不实信息进行了辩护，指出亚马逊的最低时薪为15

美元（这是 2018 年的时薪；2021 年，为应对由新冠疫情引发的招聘危机，员工时薪调整为 18 美元，而现如今的平均工资已经超过每小时 18 美元），与美国联邦政府的每小时仅 7.25 美元的最低工资形成鲜明对比。贝佐斯说，亚马逊正在游说美国政府提高联邦政府最低工资标准以达到亚马逊的工资水平。他还指出了亚马逊美国员工的福利——入职第一天起便享有医疗保险，20 周的带薪产假，401（k）计划（一种享有税收优惠的退休储蓄计划），以及所有的公司福利。从这些点点滴滴的细节可以很容易看出贝佐斯善于用数据捍卫自己在维护员工利益方面所做的一切。

为了更全面地了解贝佐斯的管理方法，我们需要进一步阐明其关于"创造福祉的规模"的概念的逻辑性。贝佐斯本质上是一个企业家。任何企业家创业的环境都非常艰苦、荆棘塞途，从一开始就困难重重。他们需要找到立足之地，寻求稳定发展，然后是扩大业务和实现赢利，这就给他们灌输了错误的价值观，即使他们的企业达到了巨大的规模，这种价值观也很难发生改变。贝佐斯比较认可福布斯网站文章《为什么规模化对企业如此重要》（*Why Is Scaling So Important In Business?*）中的一句话，这句话总结了规模化在初创企业中的重要性："规模化至关重要，因为可持续增长往往是解决初创企业一切潜在和现实问题的有效办法。"这句话的重要意义在于扩大规模并不是出于贪婪而不停地征服新的商业领域。从根本上说，扩大规模是为了让你的初创企业有能力在做出无数错误决策、遭遇巨额经济损失和残酷的竞争以及各种挫折后最终生存下来。对贝佐斯来说，亚马逊必须保持初创企业的干劲和热情继续发展下去。他用"第一天"的心态来解释这一点。

> 自成立以来，我们一直努力在公司保持"第一天"工作的心态。我的意思是保持就职第一天的干劲和创业精神来做好每一项工作。尽管亚马逊是一家大公司，但我始终相信，如果我们致力于保持"第一天"的心态，将其作为我们公司发展的核心精神，我们就能在拥有大公司规模和实力的同时，还能保持（创业）小公司的干劲和初心。

在商业管理理论的世界里，"第一天"的理念已经引起了一股风潮，许多大大小小的公司都试图将这种充满活力的观念纳入其企业文化。但常言道，说起来容易，做起来难。"第一天"理念要求管理者拥有一些品质特性，这些品质特性对贝佐斯来说似乎是第二天性，但许多管理者不太愿意接受这些特性，比如，提高对高风险的容忍度；愿意雇用不符合传统职位要求的人；减少大量不必要的沟通；高度关注客户；以牺牲利润为代价暂时扩大发展规模；坚持用创新性思维改革公司的运营模式。贝佐斯还特别指出他所青睐的亚马逊"传教士型"员工所具备的两个核心品质：执着和头脑灵活。

> 我们执着于未来的愿景。但我们在细节上会灵活变通。……我们不会轻易放弃。我们开展第三方卖家业务就证明了这一点。我们不断尝试了三次才让第三方卖家业务运作起来。我们没有放弃……如果你不心存执念，你就会过早地放弃。如果你不灵活变通，那么你就会白费力气，找不到解决问题的其他方法。

无所畏惧地专注于自己的目标，但同时也不断探索实现目标的新方法——这似乎就是贝佐斯员工的典范。

对贝佐斯来说，公司扩大规模或取得成功，从未影响他在竞争激烈的市场中建功立业的斗志。如果贝佐斯产生了一个可以占据市场优势的想法，那么仅仅采取措施让其运行起来是不够的，必须通过扩大规模来保持住其领先势头。从这个角度来看，亚马逊所达到的规模，只是将初创企业的逻辑应用到持续扩大的过程中，要与其竞争对手之间保持绝对距离，即使目前暂时还没有竞争对手。贝佐斯在这里阐述了亚马逊通过 AWS 和其他产品服务所获得的优势。

当我们公司研发这个项目时，许多其他公司也纷纷效仿。成千上万的开发商在亚马逊没有大肆宣传的情况下涌向这些应用程序界面。随后，一个前所未有的商业奇迹出现了——据我所知，我们成了商业史上最大的幸运儿。7 年来，我们没有遇到过势均力敌的竞争对手。这是难以置信的。1995 年，我在创办亚马逊网站时，巴诺书店随之创办了 Barnesandnoble.com 网站，并在 1997 年进入市场。我们推出了 Kindle，两年后巴诺书店推出 Nook（电子书阅读器）。我们推出了 Echo；两年后，谷歌则推出了谷歌 Home（智能家居设备）。如果你的公司刚开始起步，幸运的话，你可以领先两年。没有人能连续领先 7 年，所以，这的确令人难以置信。

贝佐斯认为，对于一家公司的领导者来说，最重要的是在冲锋在前，发挥引领作用，而不是站在幕后暗自操作。他列举了亚马逊打破常规、让其他公司望尘莫及的几项创新成果。

馈赠

综上所述，我们或许可以从便于理解的角度看待针对贝佐斯的批评。在他的世界里，如果不专注于发展和扩大规模，不坚持"第一天"的精神，亚马逊和他旗下的企业拥有的数十万个工作岗位都会处于岌岌可危的境地。考虑到今天亚马逊的巨大影响力，这种事应该不大可能发生，但当今世界仍不乏价值数十亿美元的大公司业绩下滑，或者破产（尽管有些公司已经走出困境），比如，世界通信公司（WorldCom）、雷曼兄弟（Lehman Brothers）、太平洋天然气和电力公司（Pacific Gas and Electric）、鲍德斯（Borders）、通用汽车（General Motors）、安然（Enron）、康塞科（Conseco）等。像其他亿万富翁企业家一样，贝佐斯发现，为了扩大公司规模，就必须纪律严明，开拓进取，进行艰难决断，然而这些很难被大众接受，大多数能这样做的人也无法得到他人的理解。贝佐斯一直专注于扩大发展规模，他知道，如果不这样做，可能会付出比单纯追求规模更大的成本。

无论你对贝佐斯的看法如何，没有人能否认他是一个了不起的人。他的成就帝国横跨商业、图书、电视、电影、慈善事业、太空等领域，这些都源自他心中的梦想和自身的辛勤付出。他凭借自己的努力，改变了当今世界。

任何企业家传记的最终目的，都不仅仅是讲述个人的经历，还要让读者感受到他们工作时的内心世界，感受到隐藏在企业机器中的灵魂。但是从某种角度来说，贝佐斯的传记很难做到这一点。因为他在公开场合发表言论时慎之又慎——当周围有媒体和麦克风的时候，贝佐斯所说的话都非常官方，无懈可击。不过，这也显示出他非常明白自己对当今世界所产生的影响，而不仅是显示出他的良好的媒体素养。在"新谢波德"飞行结束后的新闻发布会上，贝佐斯宣布准备设立新的"勇气和文明奖"，同时对数字时代一个影响广泛的问题进行深刻反思。

我们真正应该做的是质疑人的观点，而不是质疑人本身。人身攻击已经存在很长一段时间了，但它们并不奏效，是社交媒体放大了这些问题的严重性。我们需要协调统一，而不是诋毁。我们希望人们为自己真正的信仰而战，但应该以文明的方式进行，而绝不进行人身攻击。很遗憾，我们所生活的世界并非如此。但是榜样的确是存在的。

贝佐斯的个人生活和一举一动都处在整个社会最严苛的监视之中，他所说的这些话着实发自肺腑，尤显真诚。贝佐斯和其他人一样有缺点，脾气反复无常，容易暴怒（但会迅速克制住），以魔性却令人愉快的笑声而闻名，但有时性格也颇令人生畏。他专注于技术性细节，有时却对所有反对意见不屑一顾。唯一不变的是，贝佐斯始终对各种奇思妙想倍感兴趣。他希望与世界上更多的人共同分享这一切。